弈 林 猎 奇

——出奇制胜实战例

高军飞 编著

人民体育出版社

前 言

象棋之战，千变万化，妙趣横生，无奇不有。笔者从大量的书谱报刊中广选细搜，结合本人研究探寻之体会，整理出86则各具特色的象棋局例，将之编著成册公诸同好，以期观赏借鉴。

全书分两部分："奇特对局"摄取了棋战中形形色色的奇特局面和怪异招数，展现了棋局的千姿百态，令人在感叹之中觅得乐趣；"天然排局"撷取了对局中出现的与有关排局极其相似的奇特局面和巧思妙着，在排局与对局相互印证中体现出两者之间的牵丝挂缕，使人从技巧借鉴和视野拓宽中得到启示。这些局例，以琳琅满目的奇特景观，多角度地展现出象棋的艺术魅力。而且这些奇特局面都是实战中出现的，笔者在介绍时，有意强调对局者得以出奇制胜的特有思路，以使读者在欣赏之中能自然而然地提高实战水平。

由于视野和棋艺水平有限，书中恐有错漏和不到之处，敬请行家读者不吝指正赐教。

编著者
2013年5月

目 录

第一部分　奇特对局

1. 马炮逞雄威——何鲁荫对陈松顺 …………………（2）
2. 最短的对局——杨君毅对张国文 …………………（3）
3. 获胜凭五卒——薛占金对杨官璘 …………………（4）
4. 连走七步兵——胡荣华对陈柏祥 …………………（6）
5. 独马过河胜——孟立国对胡荣华 …………………（9）
6. 左炮未动用——王嘉良对胡荣华 …………………（10）
7. 十子未挪窝——胡荣华对高华 ……………………（12）
8. 双方无照将——黄学荣对戴荣光 …………………（14）
9. 终局强子全——李国勋对胡荣华 …………………（16）
10. 一子曾过河——傅万国对喻之青 …………………（17）
11. 双车单炮胜——屠景明对许立勋 …………………（19）
12. 双方无失子——龚嘉祥对陈孝堃 …………………（20）
13. 兵卒决胜负——陈孝堃对李来群 …………………（21）
14. 双方无退子——张世兴对洪磊鑫 …………………（24）
15. 车马炮未动——陈信安对莫伟明 …………………（25）
16. 第一着支仕——李来群对言穆江 …………………（27）
17. 盲棋弃车杀——黄飞对李来群 ……………………（28）
18. 首着飞边相——余仲明对黎金福 …………………（30）
19. 首着兵底炮——王嘉良对黄勇 ……………………（33）

20. 一马停原位——刘星对邓颂宏 …………………… (35)
21. 胜负转瞬间——任占国对胡荣华 ………………… (36)
22. 九分钟取胜——黎惠东对柳大华 ………………… (38)
23. 结局呈困毙——阎文清对刘振文 ………………… (40)
24. 双方空头炮——阎文清对曾东平 ………………… (41)
25. 正面闷将胜——刘殿中对苗永鹏 ………………… (43)
26. 兵卒皆无损——王友德对李鸿嘉 ………………… (46)
27. 奇着胜须眉——胡明对马仲威 …………………… (47)
28. 双方无仕相——许银川对林宏敏 ………………… (49)
29. 二炮成闲置——熊学元对郭福人 ………………… (52)
30. 将帅互照面——阎文清对林宏敏 ………………… (54)
31. 一车无瑕动——胡荣华对吕钦 …………………… (56)
32. 双方闲一马——刘美松对吕钦 …………………… (58)
33. 另样盲棋战——谢望生对柳大华 ………………… (59)
34. 出车则获胜——赵庆阁对黄世清 ………………… (61)
35. 献车做杀局——李望祥对袁洪梁 ………………… (62)
36. 弃车砍炮胜——金松对陈启明 …………………… (64)
37. 连续进兵卒——金波对郑乃东 …………………… (65)
38. 车马停原位——陈信安对胡荣华 ………………… (67)
39. 超短妙手杀——洪云对吴奕 ……………………… (69)
40. 开局空头炮——丁传华对郑一泓 ………………… (70)
41. 四炮停原位——赵国荣对赵汝权 ………………… (72)
42. 男子双打赛——刘文哲、徐家亮对朱洪宾、杨克廉
   …………………………………………………… (73)
43. 混合双打赛——竺士菊、陈耀智对顾玉凤、宋义山
   …………………………………………………… (75)

44. 两盘近似棋——林弈仙对冯敬如与李来群对柳大华 ……（77）
45. 怪杰出怪招——刘忆慈对沈志弈与沈志弈对何顺安 ……（82）
46. 妙和如孪生——柳大华对于幼华与李望祥对孙志伟 ……（87）

第二部分　天然排局

47. 顶顶炮局——那健庭对铁鼎九 ……（92）
48. 底线突破——邵次明对窦国柱 ……（94）
49. 强弩射潮——李义庭对高琪 ……（97）
50. 担雪填井——李义庭对管必仲 ……（99）
51. 秣马潜戈——谢小然对王嘉良 ……（101）
52. 车炮冷着——朱剑秋对季本涵 ……（105）
53. 力排万难——刘文哲对陈柏祥 ……（107）
54. 方块图形——刘剑青对胡荣华 ……（112）
55. 怯勇自服——胡荣华对刘剑青 ……（115）
56. 活挟丕豹——陈柏祥对吴耀球 ……（118）
57. 车马冷着——言穆江对沈芝松 ……（121）
58. 采茶扑蝶——蔡伟林对徐乃基 ……（123）
59. 依样葫芦——李国勋对于红木 ……（127）
60. 门迎车马——李来群对蒋志梁 ……（129）
61. 连照杀局——蔡伟林对张健麟 ……（132）
62. 举鼎观画——胡荣华对赵国荣 ……（136）
63. 外弛内紧——刘殿中对言穆江 ……（139）
64. 困马脱缰——上海表演赛对局 ……（143）
65. 人字形局——吕钦对李来群 ……（146）

66. 渴骥饮泉——吕钦对刘殿中 …………………… (149)
67. 肋道弃车——高华对戴荣 ……………………… (151)
68. 双马饮泉——黄勇对于幼华 …………………… (154)
69. 二郎搜山——阎天平对钟金生 ………………… (157)
70. 立锥无土——王想林对万福初 ………………… (160)
71. 斜月三星——赵国荣对杨官璘 ………………… (162)
72. 中路困杀——胡明对黄玉莹 …………………… (165)
73. 火炬图形——李来群对胡荣华 ………………… (168)
74. 步步生莲——陶汉明对孙树成 ………………… (171)
75. 星球图形——徐天红对胡荣华 ………………… (174)
76. 暴虎凭河——吕钦对赵国荣 …………………… (178)
77. 马炮决斗——萧革联对李来群 ………………… (181)
78. 豪杰并争——曾东平对陈鱼 …………………… (183)
79. 以恩塞责——李丛德对廖二平 ………………… (186)
80. 引虎下洞——邓改新对刘智煦 ………………… (189)
81. 炮碾丹砂——潘振波对贾继志 ………………… (191)
82. 坐镇边陲——业余棋手实战局 ………………… (194)
83. 渴骥奔泉——业余高手实战局 ………………… (196)
84. 十二大板——于幼华对李艾东 ………………… (199)
85. 左右开弓——傅光明对胡一鹏与郭长顺对陶汉明
………………………………………………………… (202)
86. 海燕掠波——于幼华对李来群与李鸿嘉对万春林
………………………………………………………… (207)

第一部分

奇特对局

1. 马炮逞雄威——何鲁荫对陈松顺

在象棋界享有"华南神龙"誉称的广州名宿陈松顺,早年在香港师从"粤东三凤"之一钟珍习弈,刻苦钻研,进步神速,尔后练得棋锋诡谲、绵里藏针,成为一代高手。1940年2月19日在香港,年方弱冠的陈松顺执黑棋与当地名手何鲁荫交手,大概何鲁荫不经意这位名不见经传的后生,岂料仅18个回合即马失前蹄。这局棋陈松顺抓住对方一着之错,以占据空头炮之优势,出手泼辣,着着紧迫,最终以马炮联杀取胜。

1. 炮二平五　马8进7
2. 马二进三　车9平8
3. 车一平二　马2进3
4. 马八进七　卒3进1
5. 车二进六　象3进5
6. 兵五进一　炮8退1
7. 车九进一　马3进4
8. 兵五进一　卒5进1
9. 炮八进三　（图1-1）

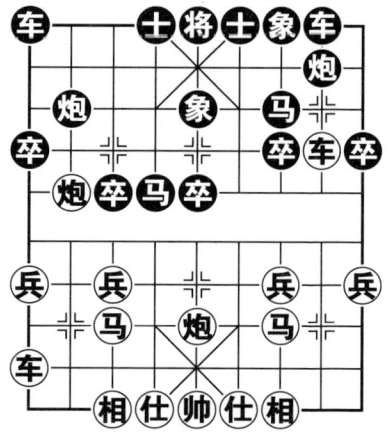

图 1-1

红炮射马,劣着。应改走车九平六捉马,以下炮8平4（若马4进3,车六进六,红方先手）,车二进三,炮4进7,车二退八,再炮八进三,红方优势。

9. ………… 马4进3　10. 炮八平五　炮8平5

11. 车二进三　炮5进3
12. 马七进五　马3进5
13. 车二退八　马5进3
14. 马五退六　象5进7

黑方飞象求杀，好棋。"粤东三凤"之一曾展鸿对此下评语：可打夹圈。

15. 帅五进一　马3退4
16. 帅五进一　炮2平5
17. 帅五平六　前炮平4
18. 帅六平五　马7进5

（图1-2）

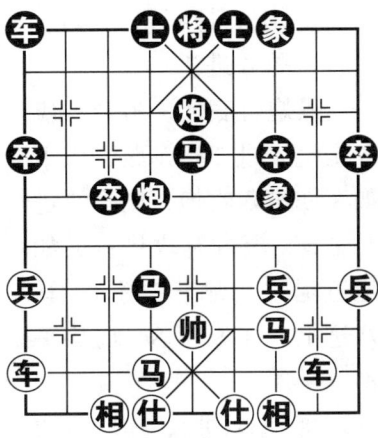

图 1-2

如图1-2形势，黑方马炮成杀，一个车尚居原位未曾启动。如此局面实属少见，堪称一奇。

2. 最短的对局——杨君毅对张国文

1956年8月广州出版的《象棋》月刊总第4期第9页刊登一则广东省韶关市公开赛的对局，由杨君毅执红棋先胜张国文，于1956年6月17日弈于韶关工人文化宫。此局开盘没几步，双方即进入厮杀阶段。黑方由于一步劣着，随即速败。对弈过程双方共走19着，在古往今来公开出版的象棋读物中，算得上是最短的对局了。

1. 炮二平五　炮8平5　　2. 马二进三　马8进7
3. 车一进一　炮2平4　　4. 车一平六　士4进5
5. 炮八进四　马2进3　　6. 炮八平五　马7进5

7. 炮五进四（图2-1）
炮4进7

黑炮打底仕，劣着！应改走炮4进2拦车路，以下如车四进四吃炮，则马3进5吃炮，黑方有攻势；又如炮五退一，则卒3进1，马八进七，车9平8，局势平稳。

8. 车六进六　炮4平2
9. 车九平八　车1进2
10. 帅五平六（图2-2）

如图2-2形势，红方主帅御驾亲征，以下有车八进九弃车的杀着，黑方如车1退2防守，则白输一马，亦不免败局。

着法如此少就分出胜负的公开赛对局，前所未有，可谓稀奇；双方子力均没有后退，黑方左车无瑕出动即告认负，亦是稀奇。

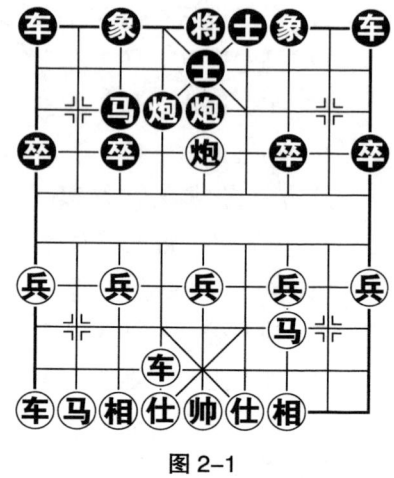

图2-1

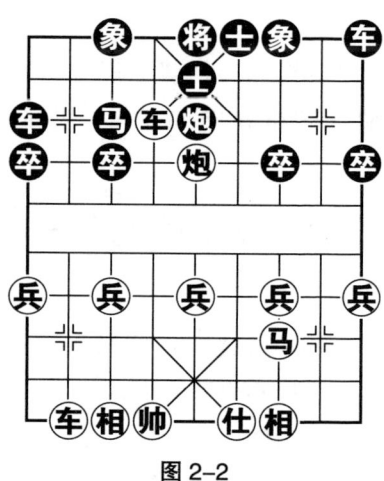

图2-2

3. 获胜凭五卒——薛占金对杨官璘

新中国首届全国象棋锦标赛于1956年12月在北京市举

行，参赛者为全国30个城市的30名高手。广州杨官璘在初赛6个组中以第4组第一名身份进入复赛。复赛分三组，每组取小组前两名进入决赛，杨官璘再次取得第一名。在决赛阶段，杨官璘以3胜1平1负的成绩摘取第一个象棋全国冠军桂冠。整个赛局中，杨官璘夺魁之惊险，自不必表。单说他在复赛阶段与天津名将薛占金的较量，可谓是一盘奇特之局。是局薛占金执红棋先行，弈于12月20日。

1. 炮二平五　马8进7　　2. 马二进三　马2进3
3. 车一平二　车9平8　　4. 兵七进一　卒7进1
5. 车二进六　马7进6　　6. 马八进七　象3进5
7. 炮八进二　卒7进1　　8. 车二平四　卒7进1
9. 马三退五　马6退4　　10. 车四退二　炮2进2
11. 车四平二

杨官璘评注：度数缓慢，易为黑方所算，不如改走炮八退一捉死黑卒，比较实惠。

11. …………　车1进1
12. 车九进一　车8进1
13. 车九平六　马4进3
（图3-1）

14. 车六进三

面对黑马踩兵，此时红方如改走车二平七去马，则车1平6，车七平二，车6进7，黑方有强烈攻势。

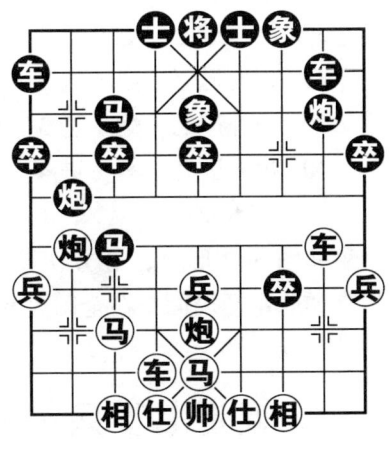

图3-1

14. …………　卒3进1　　15. 相七进九　马3进2
16. 炮五平八　炮2进3　　17. 车六平三　炮2退1

18. 炮八平五	卒5进1	19. 炮五进三	象7进5
20. 车三进三	马3进4	21. 车三平二	车8进1
22. 车二进三	卒3进1	23. 车二退三	卒3进1
24. 车二平六	车1平4	25. 马七退八	炮2平5
26. 马五退七	车4进1	27. 马七进六	马4退2
28. 车六进三	马2退4	29. 马六进七	炮5平9
30. 马八进六	卒7平6		
31. 马七进六	士6进5		
32. 后马进八	马4进2		
33. 马八退七	卒3进1		
34. 马七进九	卒3平2		
35. 马九退七	卒2平3		
36. 马七进九	卒3平4		
37. 仕六进五	炮9平1		
38. 相九退七	卒4进1		
39. 马九进七	炮1进3		
40. 相七进九	马2进4		

(图 3-2)

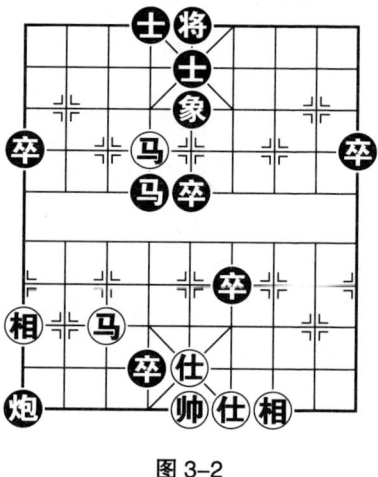

图 3-2

如图 3-2 形势，红方认输。黑方五卒俱全，红方五兵皆失，如此奇趣局面，在全国大赛中难得一见。

4. 连走七步兵——胡荣华对陈柏祥

1966 年 4 月 11 日郑州全国个人赛预赛中，当时的四连冠上海胡荣华执红棋对广东名将陈柏祥。中局阶段红方弃马过兵，其后连续挺兵夺回失子，结局竟然以多出二子而获胜。这届全国赛，胡荣华又夺魁，陈柏祥获第五名。

1. 兵七进一　炮2平3　　2. 炮二平五　象3进5
3. 马八进九　马8进7　　4. 马二进三　车9进1
5. 车一平二　炮8平9
6. 兵三进一　车9平4
7. 车九平八　车4进4
8. 炮五平四　车4平7
9. 车二进二　马2进1
10. 相七进五　车7退1
11. 炮八退一　车7平6
12. 仕六进五　车1平2
13. 车二进二　卒1进1
14. 兵七进一　车6平3
15. 兵九进一　车3平7

（图4-1）

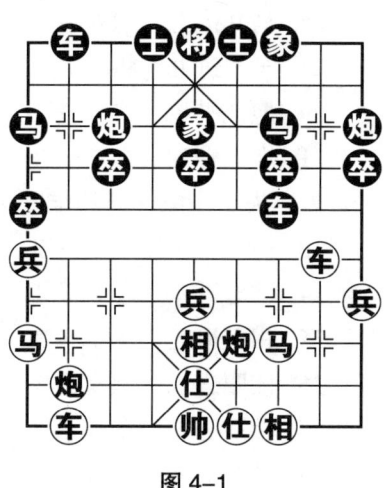

图 4-1

如图4-1形势，黑车捉马。红方如进马则丢边兵，如退马则失先。面对严峻形势，红方毅然挺兵弃马。

16. 兵九进一　车7进3

从后来的局势变化来看，此时黑方似应车7平1吃兵。

17. 兵九进一　马1退3
18. 兵九平八　车2平3
19. 兵八进一　炮3平4
20. 兵八平七　炮4进2
21. 兵七进一　（图4-2）

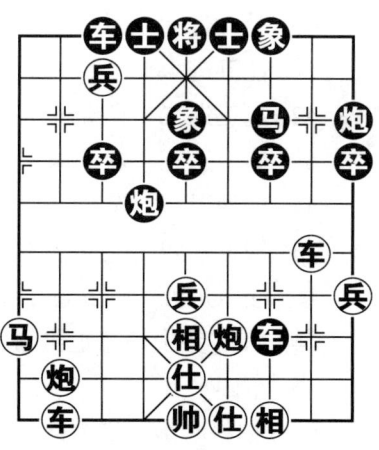

图 4-2

自第15回合起，红方边兵长驱直入连走七步，借逐黑炮而夺回一马。如图4-2形势，红方即将在黑方右翼发起攻势。

21. ………… 车3进1 22. 炮八进八 象5退3
23. 车二平六 车7退3 24. 炮八平九 士6进5
25. 马九进七 炮4退2 26. 炮四进六 车3进1
27. 车八进九 将5平6 28. 炮四平三 车3平1
29. 炮九平七 将6进1 30. 车六平四 炮4平6
31. 炮七平三 车7平8 32. 前炮退二

黑方失子少象，已然难以谋和。

32. ………… 车1进7 33. 仕五退六 炮9进4
34. 马七进八 车8平4
35. 相五退七 车1平3
36. 仕四进五 炮9进3
37. 相三进五 车3平2
38. 马八退七 车2退9
39. 马七进六 车2进4
40. 马六进七 车2平8
41. 仕五进六 卒5进1
42. 炮三退二 车8退1
43. 炮三退三 炮9退3
44. 后炮退三 车8进3
45. 炮三平四 炮9平5
46. 仕六进五 炮5退1（图4-3）

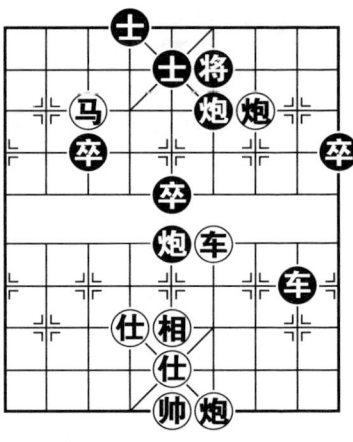

图 4-3

黑方在劣势中情急走出漏着，立成败局。

46. 车四平五

红方抽将吃炮，黑方认输。

本局中局阶段，红方边兵连走七步，着法出奇，令人赞叹。

5. 独马过河胜——孟立国对胡荣华

1974年被禁锢8年的棋类比赛复苏。7月23日成都全国个人赛中，曾在全国赛获得两次第五、两次第六名的辽宁猛将孟立国执红棋与上海胡荣华对阵。红方架起中炮后随即挺起三路兵，显然有备而来，意图将布局纳入自己设计的轨道。而黑方也打破常规，以很少使用的龟背炮来应对，从而打乱了红方布局计划。一场斗智斗勇的厮杀由此展开。

1. 炮二平五	马8进7	2. 兵三进一	卒3进1
3. 马二进三	炮8退1	4. 车一平二	车9进1
5. 马八进九	马2进3	6. 车九进一	象3进5
7. 车二进七	马7退5	8. 马三进四	马5退3
9. 马四进三	炮8平4	10. 兵五进一	士4进5
11. 兵五进一	卒1进1	12. 兵五进一	马3进5
13. 车二退四	车1进3		
14. 炮八平六	车9平7		
15. 炮五平三	车7进1		
16. 车九平五			

红车立险地，败着！应改走相三进五，消除自己防守方面的弱点；也可走车九平四，尚是对峙之势，以后战线颇长。此时不可走马三进五，否则车7进3，相三进五，车7退3，马五进七，

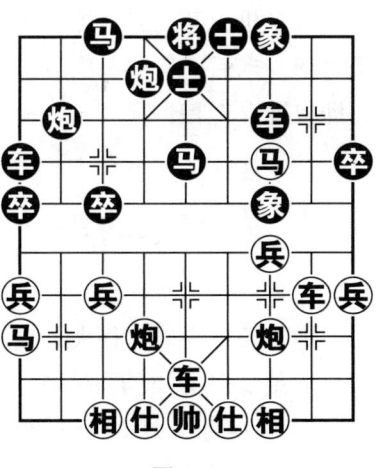

图 5-1

炮2平5，黑方有攻势。

16. .... 象5进7（图5-1）

黑方弃象准备反架中炮，同时集中子力攻击红方过河的孤马，至此，红方已难于应付。

17. 兵三进一　　马5进7
18. 车二平五　　车1平6
19. 后车平八　　炮4进2
20. 炮六平五　　炮4平7
21. 炮三进三　　车7进1
22. 车八进四　　炮2平5
23. 车八平七　　马3进4
24. 炮五进五　　象7进5
25. 车七平九　　马7进6

（图5-2）

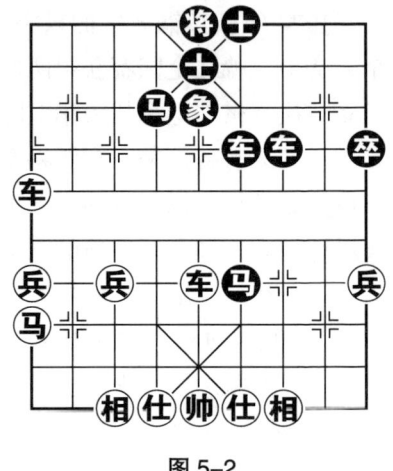

图5-2

如图5-2形势，红方见大势已去，认输。

这盘棋由开局起，黑方始终在自己的阵地作战，没有一个子过河。末后一着第一次运子过河，红方就认输。黑方独马过河即取胜，奇特！

6. 左炮未动用——王嘉良对胡荣华

炮在象棋中威力很大，直横可行，隔子可打。要说一盘棋对弈始终，如果一方的一个炮没有动过，可算是棋战中之一奇。在1974年7月27日成都全国个人赛场上，就出现了如此奇局，由三届全国亚军黑龙江王嘉良执红棋对上海胡荣华。

1. 炮二平五　马8进7　　2. 马二进三　卒7进1
3. 车一平二　车9平8　　4. 车二进六　马2进3
5. 兵七进一　炮8平9　　6. 车二平三　炮9退1
7. 马八进七　士6进5　　8. 车九进一　炮9平7
9. 车三平四　象7进5
10. 马七进六　车1进1
11. 马六进七　炮2进4
12. 车九平六　车1平4

（图6-1）

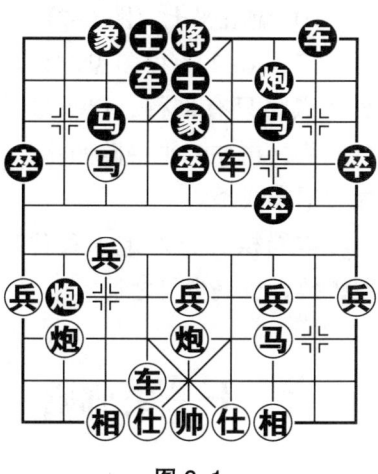

图6-1

胡荣华自评：黑方经过长达26分钟的考虑，走了平车兑车这步棋，本来是计算红方车六进七，炮7平4，马七进五，马3进4可以捉双，但是漏算了红方直接马七进五先手吃象叫杀。到此局势已无法挽回了。如改走炮2平3，则马七进五，象3进5，炮八进五，黑方也很难走。如改走炮2平7，则相三进一，马7进8，虽然仍较被动，但总比以后的下法好一些。

13. 马七进五　炮7平6　　14. 车六进七　炮7平6
15. 兵七进一　车8平6　　16. 车四平二　炮4进1
17. 兵七进一　象3进5　　18. 兵七进一　炮4进1
19. 车二退二　车6进4　　20. 兵三进一　炮4平3
21. 兵三进一　车6平7　　22. 车二平八　炮2平4
23. 马三进四　炮4平9　　24. 马四进五　马7进5

25. 炮五进四　车7退1
26. 车八平五　炮3平2
27. 兵七平六　车7进6
28. 兵六平五　炮9进3
29. 兵五进一　将5进1
30. 炮五平七（图6-2）

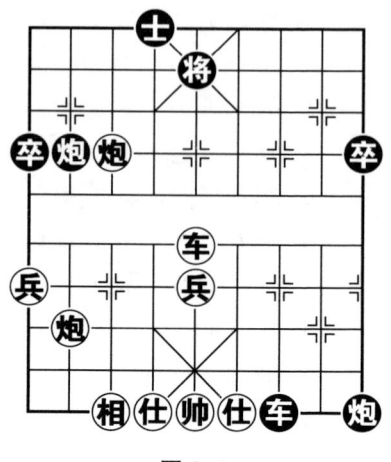

图6-2

如图6-2形势，黑方认负。黑将只有平行，以下红车照将，再左炮平中路照将，最后平车成杀。

本局棋红方左炮未移位便告捷，也是少见之局。

7. 十子未挪窝——胡荣华对高华

1949年出生于安徽省亳县的高华，是弈林中的女杰。1974年7月和1975年6月，她以安徽省选手的身份，先后参加了在成都举行的全国个人赛和在上海举行的第三届全运会象棋预赛。在众多男子弈林高手相聚的赛场上，她是唯一的女子棋手，曾战胜一些男选手。1979年起增设了女子个人全国赛，高华从此每届皆参赛都进入前五名，1985年终于夺冠并荣获女子象棋特级大师称号。1986年在香港参加第四届亚洲杯赛，以全胜战绩捧杯而归。胡荣华评价高华是"女子象棋的开拓者"。下面这局棋是1975年安徽象棋队弈访上海时高华执黑棋与胡荣华的交锋，弈于4月9日，这是一盘难得一见的奇局。

1. 炮二平五　马8进7　　2. 马二进三　车9平8

3. 车一平二　卒7进1　　4. 车二进六　马2进3

5. 马八进九　马7进6　　6. 车二退二　炮2退1

7. 车九进一　卒7进1

弃卒，盲动之着，由此处于下风。应改走炮2平7，以下红方如走车二平四，则炮8进2，车九平二，车1平2，炮八进二，车2进4，炮八平七，车2平3，炮五平七，象3进5，相三进五，卒1进1，仕四进五，炮7平6，车四平五，马6进7，车五平四，马7进6，车四平五，炮6进1，成互缠形势。

8. 车二平三　炮8平7

9. 车三进一　炮2平7

10. 车三平四　前炮进5

11. 炮八平三　炮7进6

12. 车九平六　车8进2

13. 兵七进一　车1平2

如改走炮7平1，则相七进九，车1平2，车六进五，红方多兵占优。

14. 马九进七（图7-1）

炮7平8

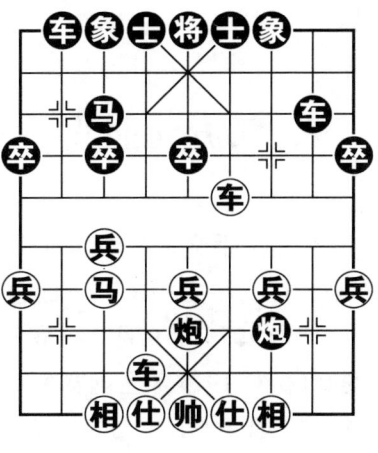

图7-1

如改走车2进6，则马七进五，士6进5（若车2平5，马五进六，车8平4，车六进二，黑方失车），车六平三，炮7平8，车三平二，红方大占优势。

15. 马七进五　炮8退4　　16. 车六平二　车2进1

17. 马五进三　车8退2　　18. 车二进五（图7-2）

如图 7-2 形势，红车砍炮得子，黑方认负。以下如接走车 8 进 3，则马三进四，车 2 平 6，马四退二，车 6 进 3，马二退四，红方胜。

男女混合比赛，17 个半回合结局，双方的将帅仕相（士象）共十子一直没有走动，如此三奇，确为罕见。

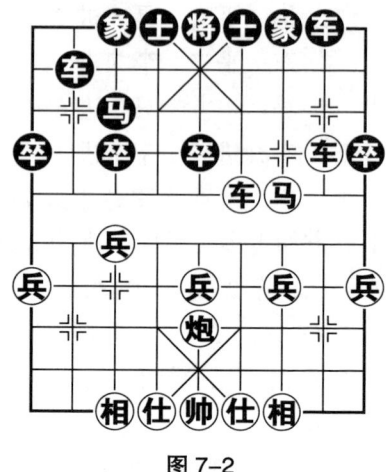

图 7-2

8. 双方无照将——黄学荣对戴荣光

半途列手炮是激烈的对攻性开局，马炮争鸣，车冲兵挺，你来我往，尽力拼杀。下面这盘棋虽是斗列炮，但却非同寻常。此局 1978 年 9 月 8 日弈于郑州全国个人赛，由湖北黄学荣执红棋对 1975 年全国赛第六名江苏戴荣光。

1. 炮二平五　马 8 进 7　　2. 马二进三　车 9 平 8
3. 车一平二　炮 8 进 4　　4. 兵三进一　炮 2 平 5
5. 马八进七　车 1 进 1　　6. 车九平八　车 1 平 8
7. 炮八平九　马 2 进 3　　8. 兵七进一　炮 8 平 7
9. 车一平二　马 8 进 7　　10. 车八进六　车 8 平 3
11. 马三退五　车 8 进 4
12. 车八平七　车 8 平 4（图 8-1）

黑方马置车口而不顾，车平肋道加强攻势。红车不敢吃马，否则车4进4后，红方将被迫弃还一马，局势呈现危机。

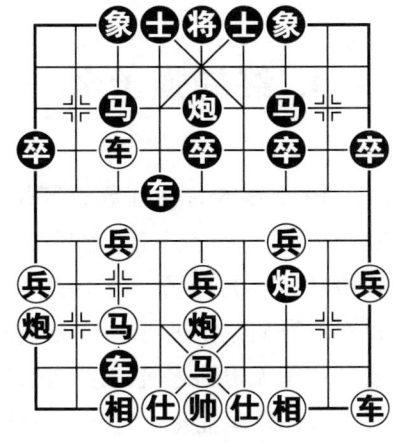

图 8-1

13. 兵七进一　车4进4
14. 兵七平六　马3退5
15. 炮九进四　炮7平1
16. 相七进九　炮1平2
17. 车七平八　车3退1
18. 车八退三　车3平1
19. 炮九平六　车4退4
20. 炮六平三　车1平4
21. 车八退三　炮5进4
22. 车一平二　象7进5
23. 车二进三　车4退1
24. 车八平七　卒5进1
25. 炮三平七　卒5进1
26. 炮七退三　车4进2
27. 兵三进一　车4平7
28. 车二进一　车4退3

(图 8-2)

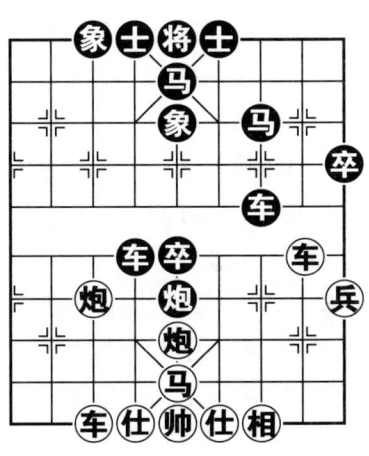

图 8-2

红方试图兑去中炮解脱窝心马，但黑方灵活有度令对方防不胜防。如图 8-2 形势，红方无良策解困，遂告败北。

在 28 个回合交手中，双方竟然都没有向对方照将，但却分出高低，这样的棋战真少见。

9. 终局强子全——李国勋对胡荣华

1979 年 5 月在江苏省苏州市举行的第四届全运会棋类预赛结束后，上海、江苏象棋队应邀前往江苏省江阴县。8 日晚在橙江镇灯光球场，由 1975 年全国赛第七名江苏李国勋执红棋对上海胡荣华进行了一场对抗赛。开局伊始，黑方抓住红方妄动左车无出路之机，以严谨的着法控制了局势。以后紧握先手，车马联翩而至，攻势有如水银泻地。最后红棋失势又将失子，只好停掉计时钟认输。

1. 炮二平六　炮 8 平 5
2. 马二进三　马 8 进 7
3. 仕四进五　车 9 平 8
4. 相三进五　马 2 进 3
5. 车一平四　卒 3 进 1
6. 马八进九　车 8 进 4
7. 炮八进四　马 3 进 2
8. 炮八平三　象 7 进 9
9. 兵三进一　卒 1 进 1
10. 车四进四　士 4 进 5
11. 车九进一　炮 5 平 3
12. 车四进二　象 3 进 5
13. 炮三平五　车 1 进 3
14. 炮五平八　卒 3 进 1

（图 9-1）

15. 相五进七

红方飞相无可奈何。如改走兵七进一，则马 2 进 4，兵五进一，车 8 平 2，炮八平六，马 7 进 8，车四退三

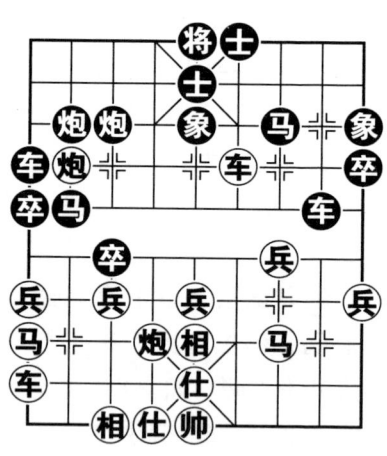

图 9-1

(若车四平二，马8进7，以下双马搏相，红方难走)，马4进5，相七进五，车1平4，黑方得象且各子灵活有攻势。

15. ………… 马2进4
16. 兵五进一 车8平2
17. 炮八平六 车1平3
18. 仕五退四 马7进8
19. 车四退三 车2进3
20. 马三进二 马4退5
21. 车四平六 马5进6
22. 前炮进二 炮2进3
23. 车九平五 车3进2
24. 前炮平七 炮2平5
25. 车六平五 炮5平7
26. 后车平三 车3平5（图9-2）

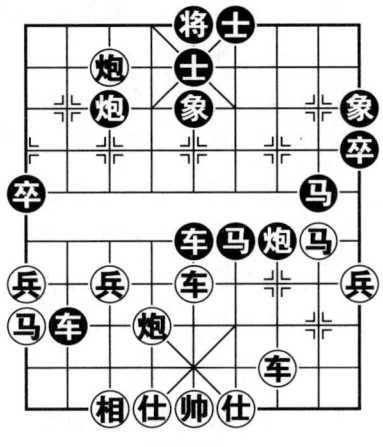

图9-2

车平中路，一锤定音。红方认负。如图9-2形势，红方如走车五进一，则炮8平5，红方无法应付；如走车五退二，则车2平4，车三进三，车5平4，黑方胜。

此局奇特之处，终盘时双方车马炮一个都不少，而损失者只有一相二兵三卒。如此奇特局面，稀少难得。

10．一子曾过河——傅万国对喻之青

喻之青棋风稳中带凶，行棋细腻灵活，17岁时即以北京选手身份参加全国比赛。三年后的1984年全国个人赛获得第六名，次年获象棋大师称号。1981年他初次参加在广东省肇庆市进行的全国团体赛，5月6日第七轮与执红棋的浙江傅万国交锋的一局棋很是奇特。开始红方攻势很猛，但少谋略，以致毫无所获。黑方严密防守，以柔克刚，中局巧得一炮。而傅万国失之洞察，仍一味苦杀，末后孤车又陷于绝境，因此败北。

1. 炮二平五　马8进7
2. 马二进三　车9平8
3. 车一平二　炮8进4
4. 兵三进一　炮2平5
5. 炮八平六　卒3进1
6. 马八进九　马2进3
7. 炮六进五（图10-1）

红炮打马，空着。其后黑方跃出右马，红炮反而成为攻击目标。如此轻举妄动，造成黑方反先。

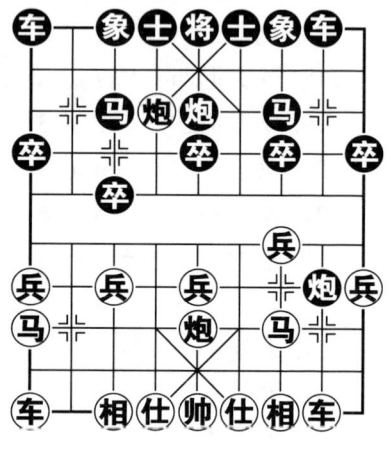

图 10-1

7. ………　　炮5退1
8. 车九进一　马3进4
9. 车九平四　车1进2
10. 车四进六　炮5进1
11. 炮五进四　士4进5
12. 炮六退一　炮8退3
13. 炮五退一　炮8平4
14. 车二进九　马7退8
15. 车四退一　车1平4
16. 仕四进五　马8进7
17. 车四平三　炮5进1
18. 车三退一　象7进9

（图10-2）

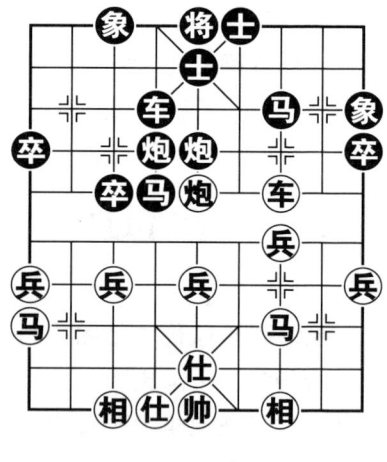

图 10-2

如图 10-2 形势，黑方巧设陷阱捉死红车。因子力悬殊，红方认负。

整局棋黑方只有一炮在第 3 回合曾过河，第 12 回合又返回，直至取胜时仍无一子过河，实乃少见。

11. 双车单炮胜——屠景明对许立勋

1982 年 1 月上海市第一届老年人运动会象棋比赛，棋坛名宿屠景明执红棋对许立勋一局短小精悍，刚进入第 15 回合红方就取胜，结局很奇特。本局见诸石镛撰写《20 世纪超短十九局》（《棋艺》月刊 2001 年第 4 期附赠印刷本）。

1. 马八进七　卒 3 进 1
2. 炮二平五　炮 8 平 5
3. 马二进三　马 8 进 7
4. 车一平二　炮 2 平 3
5. 车二进五　车 9 平 8
6. 车二平七　炮 5 退 1
7. 车七平八（图 11-1）

主动弃马，实行抢攻，右车连走四步到位。

7. ……………　炮 3 进 5

打马轻率，应走马 2 进 1，反夺先手。

8. 炮八进七　炮 3 平 7
9. 车九平八　炮 5 平 9
10. 前车平六　士 6 进 5
11. 炮五平六　车 8 进 6
12. 炮六进七　士 5 退 4

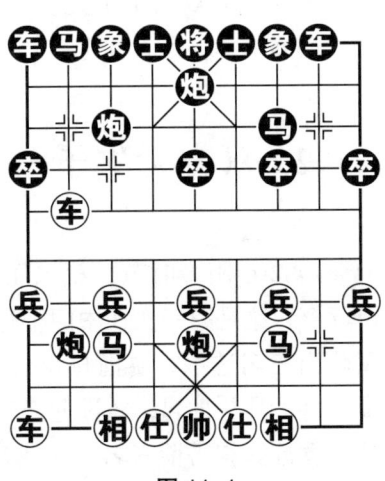

图 11-1

13. 车六进四　将5进1

14. 车六平五　将5平4

如改走将5平6，则车五平三，象3进1（若车1进2，车三退一，将6进1，炮八退二，红方胜），车三退一，将6退1，炮八退一，车8退6，炮八平一，红方胜定。

15. 车八进二（图11-2）

如图11-2形势，面临双车挫，黑方认输。

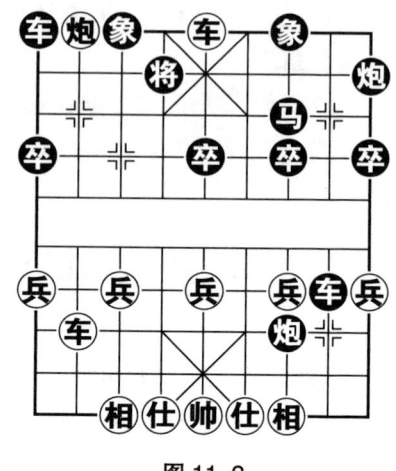

图11-2

本局红方双车走了九步，而五个兵和黑方右车却始终未动，动静映辉，令人称奇。

12. 双方无失子——龚嘉祥对陈孝堃

1982年阳春时节，第二届亚洲杯象棋赛在中国名城杭州市开枰，这是第一次在中国举行国际性的象棋赛。男子团体赛每队出三名选手，赛前排出台次，采取分台对抗两局进行比赛。自4月9日起，经过七天五轮的激烈争夺，中国队、泰国队、香港队获得前三名。在4月14日第四轮中，中国队与菲律宾队相遇，其中中国名手陈孝堃与菲律宾新秀龚嘉祥对阵，第一局陈孝堃执红棋取胜。第二局龚嘉祥执红棋时，却弈出了一盘奇特对局。

1. 炮二平五　马2进3　　2. 马二进三　炮8平6

3. 兵三进一	马 8 进 7
4. 车一平二	车 9 进 1
5. 马八进九	车 9 平 4
6. 炮八平七	车 1 平 2
7. 车九平八	车 4 进 4
8. 车二进四	象 3 进 5
9. 仕四进五	士 4 进 5
10. 车八进六	卒 3 进 1
11. 炮五平六	炮 6 进 1
12. 车八退三	炮 6 进 1
13. 车八进三	炮 6 退 1
14. 车八退三	炮 6 进 1
15. 车八进三	炮 6 退 1
16. 车八退三	炮 6 进 1 （图12）

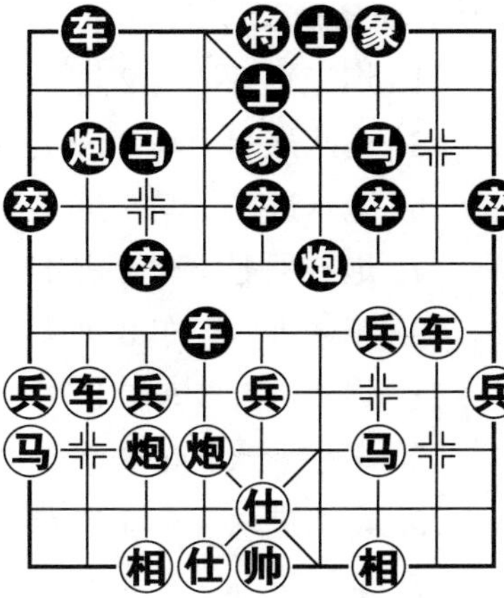

图 12

红方已胜一局，此时大概出于战略需要，也可能双方都不宜变着，至此握手言和。

本局对弈结束时，全盘 32 个棋子一个未损，在兵不血刃中结束了战斗，真是少有。

13. 兵卒决胜负——陈孝堃对李来群

1983 年盛夏，在武汉市进行第二届"三楚杯"象棋名手邀请赛，1982 年全国冠军河北李来群以 5 胜 4 和优异成绩压倒群雄荣获冠军。7 月 24 日他执黑棋迎战 1981 年亚洲城市名手赛冠军、1980 年全国赛第四名浙江陈孝堃，当弈完 56 回合时，就出现了只靠兵卒对决的局面。红方虽顽强抗衡，终因力不从心而认输。

1. 炮二平五	马2进3	2. 兵七进一	卒7进1
3. 马八进七	马8进7	4. 马二进三	车9平8
5. 炮八进二	马7进8	6. 马七进六	象3进5
7. 炮五平七	车1进1	8. 相七进五	炮2退2
9. 车一进一	车8进1	10. 车九进一	车1平2
11. 炮八进五	车2退1	12. 车九平八	车2进8
13. 车一平八	车8平4	14. 马六进七	马8进7
15. 车八进六	车4进6	16. 马七进五	象7进5
17. 炮七进五	车4退5	18. 炮七进二	士4进5
19. 车八平六	炮8平4	20. 炮七退三	卒9进1
21. 炮七平六	炮4平1	22. 兵七进一	炮1进4
23. 兵七进一	卒1进1	24. 炮六退一	马7退6
25. 仕六进五	卒1进1	26. 兵五进一	马6进7
27. 炮六平一	马7退5	28. 马三进四	炮1平5
29. 炮一退一	马5退3	30. 帅五平六	

应改走马四进六，则炮5退2，马六进五，将5平4，马五进七，马3进5，兵七平六，红方不难走。

30. ………	卒5进1	31. 炮一进五	象5退7
32. 炮一退四	卒5进1	33. 炮一平七	卒5平6
34. 炮七平五	士5进6	35. 兵一进一	炮5平6
36. 相三进一	炮6平8	37. 兵一进一	卒6进1
38. 兵一平二	卒7进1	39. 兵二进一	卒7平6
40. 兵二平三	前卒平5	41. 相一退三	卒5平4
42. 兵三平四	炮8平6	43. 兵七平六	卒1平2
44. 仕五进四	炮6进3	45. 帅六平五	炮6退1
46. 帅五平四	炮6平8	47. 兵四进一	炮8进1

48. 相三进一　炮8退3　　49. 仕四退五　炮8平6
50. 兵四平三　卒2平3　　51. 兵六进一　卒3平4
52. 兵六进一　前卒平3　　53. 炮五退二　卒3平4
54. 炮五进三　后卒平5　　55. 兵三进一　炮6平5
56. 炮五退三

红方退炮，无奈之着。如改走炮五平二，则炮5进2，炮二进三，炮5平4，兵六平七，将5进1，黑方胜。

56. ………　卒5进1

（图13-1）

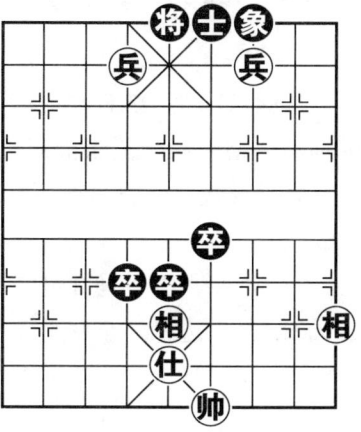

图 13-1

如图13-1形势，黑方少象但多卒。此后双方进入只靠兵卒作战的场面。

57. 相五退七　士6进5
58. 兵三平四　士5进4
59. 帅四进一　卒4平3
60. 相七进九　卒3进1
61. 相九进七　卒3进1
62. 相一退三　卒3平4
63. 仕五退四　卒5平6
64. 相七退五　前卒平7
65. 仕四进五　卒6进1
66. 仕五进六　卒7进1
67. 帅四退一　卒7平6
68. 相五进七　象7进9

（图13-2）

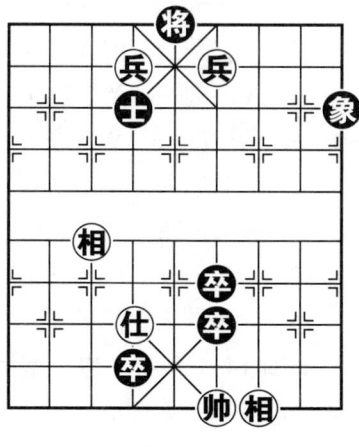

图 13-2

如图13-2形势，黑方可运用6路后卒进入九宫取胜。红方就此罢战。

这盘棋仅以兵卒作战，且又能决出胜负，确属稀罕。

14. 双方无退子——张世兴对洪磊鑫

1984年4月23日在安徽省合肥市全国团体赛上，有一盘棋别具一格，由宁夏张世兴执红棋对北京洪磊鑫。布局伊始，黑方弃马反攻，红方虽弃还一马后又弃炮破釜沉舟，但仍未免一败。

1. 炮二平五　马8进7
2. 马二进三　车9平8
3. 车一平二　卒7进1
4. 兵七进一　马2进3
5. 车二进六　士4进5
6. 马八进七　象3进5
7. 车二平三　炮2进4
8. 兵三进一　卒7进1
9. 车三进一　卒7进1
10. 马七进六　车1平4
11. 马六进四　卒7进1
12. 炮八平三　炮8进7（图14-1）
13. 车九平八

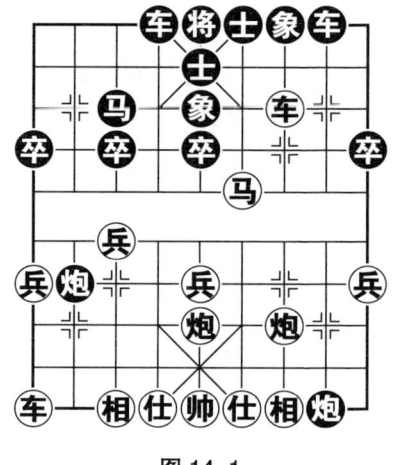

图14-1

如图14-1形势，黑左炮沉底，来势汹汹。红方此时随手出车，反替黑方走棋，劣着。应改走兵一进一，以防黑方右炮打卒后再沉底。

13. ………… 炮2平9
14. 车八进七 炮9进3
15. 炮三进七 车8平7
16. 车八平七 车7进2
（图14-2）

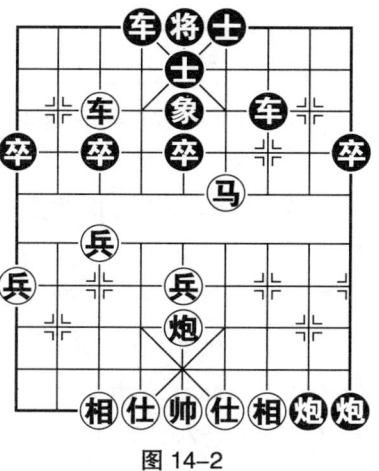

图14-2

如图14-2形势，红方看到无法解救，只得认负。如接走马四进三吃车，则车4进8后再炮9平7，双炮杀。

这局棋仅16回合即结束战斗，双方用时将近28分钟，而黑方用时只有11分47秒，如此短局已很稀奇。更为称奇的是，整局双方子力除去横行就是勇往直前，竟然皆无一子后退。黑方获胜，勇猛可嘉；红方失利，虽败犹荣。

15．车马炮未动——陈信安对莫伟明

1984年8月在河北省承德市进行第二届"避暑山庄杯"全国象棋名手邀请赛，其中云南陈信安执红棋对湖北莫伟明一盘堪称奇局：红方仅以右翼三个强子及中兵进行战斗，先舍未动之左炮，继而又弃右车，最后兵入城府独占宫心闷杀制胜。全部着法不足19回合，着法精彩，扣人心弦。

1. 炮二平五　马8进7　　2. 马二进三　车9平8
3. 车一平二　卒7进1　　4. 车二进六　马2进3
5. 兵七进一　炮8平9　　6. 车二平三　炮9退1
7. 兵五进一　士4进5　　8. 兵五进一　炮9平7

9. 车三平四　卒7进1
10. 马三进五　卒7进1
11. 马五进六　马3退4

(图15-1)

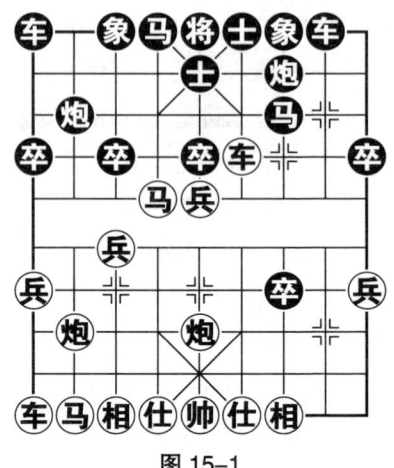

图 15-1

黑方退马劣着，应改走车8进8，以下如：一、马六进七，则卒7平6，炮五进四，象3进5，相七进五，马7进5，马七退五，车8平2，马八进六，车1平4，车四退三，车4进8，各有千秋；二、马八进七，则象3进5，马七退五，炮2退1，马六进七，车1进2，炮八退一，车8进4，马七进五，士6进5，车九进二，车1平4，车九平八，车4进6，炮八进七，炮7平2，马五进三，卒7进1，车八进六，车8平5，互有攻守。

12. 兵五进一　马7进8　　13. 兵五平六　炮2平5
14. 仕四进五　车1平2
15. 兵六进一　车2进7

如改走马8退6，则马六进四，炮7进8，兵六平五，马4进5，马四进六，将5平4，炮八平六，马5进4，马六进八，双照杀，红方胜。

16. 车四进二　炮7进8
17. 兵六进一　车2退5
18. 帅五平四　马8退7
19. 车四进一　(图15-2)

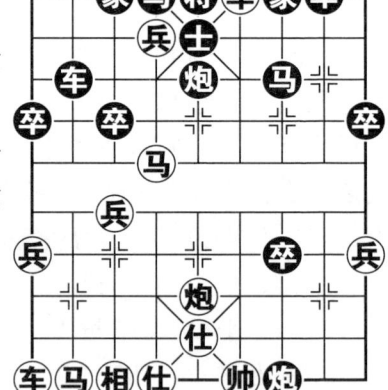

图 15-2

红方弃车杀士，临门一脚，凶狠之极！如图15-2形势，黑方必走马7退6，则兵六平五杀。

本局红方除去左炮未曾走动而弃掉外，结局时左翼车马亦不曾动作。如此奇局，着实难得。

16. 第一着支仕——李来群对言穆江

象棋开局第一步以动用炮、兵、相、马为常见，而1985年春在浙江嘉兴举行的"皇冠杯"大师赛上，却出现一盘首着支仕的怪局，大有出奇制胜之意。这局棋由1982和1984年两届全国冠军河北李来群执红棋对1980年全国赛第六名江苏言穆江，弈于3月10日。

1. 仕六进五　卒3进1　　2. 炮八平七　象3进5
3. 炮二平五　马8进7　　4. 马八进九　车9平8
5. 马二进三　马2进4　　6. 车九平八　车1平2
7. 车八进四　炮2平4
8. 车八平六　士4进5
9. 兵三进一　车2进3
10. 车一平二　炮8进4
11. 兵九进一　马4进2
12. 炮五平四　炮8平7
13. 相三进五　车8进9
14. 马三退二　卒5进1
15. 炮四平三　炮7平8
16. 车六平四　卒9进1
17. 马二进四　车2平5

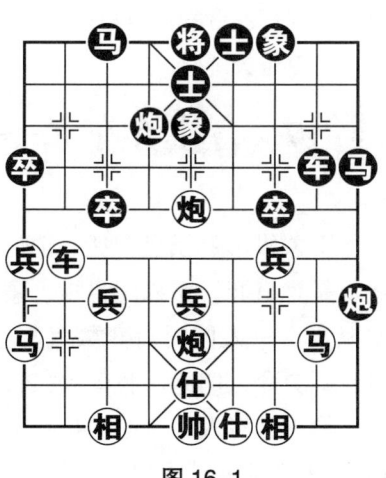

图16-1

18. 炮七平六　炮8退4　19. 炮六进三　炮8平9
20. 车四平八　马2退3　21. 炮六平一　炮9进4
22. 马四进二　马7进9　23. 相五退三　卒7进1
24. 炮三平五　车5平8　25. 炮一平五（图16-1）

上一着黑车捉马，劣着。如图16-1形势，红方弃马，用边炮打中卒展开攻势，有胆有识！

25. …………　车8进4
26. 车八进五　将5平4
27. 后炮平六　炮4平3
28. 马九进八　炮3进4
29. 相七进五　车8退4
30. 马八进六　将4平5
31. 马六进七　（图16-2）

如图16-2形势，红方进马已成绝杀，黑方负。本局黑方失败的根源，在于第24回合用车捉马，贪吃招致败局。

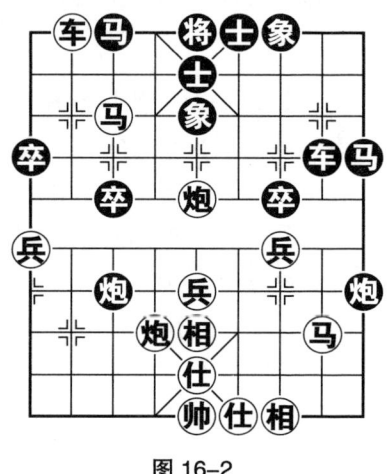

图16-2

17. 盲棋弃车杀——黄飞对李来群

下象棋不看棋盘，凭心记忆棋子位置如同目视，且口述走法，是为口弈，又称闭目棋、蒙目棋、盲棋，堪称一奇。若背向棋盘，一人同时对弈数盘甚至十数盘，而且对手皆面对棋盘，则更令人叫绝。我国象棋特级大师柳大华、胡荣华、李来群、徐天红等人都有此绝技。下面一局是李来群1986年10月19日在北京劳动人民文化宫盲棋1对6车轮战中之一，李来群执黑棋对黄飞。开局不久，黑方即反先，其后以凌厉着法令对方穷于招架，致使一车空成摆设。结局时黑方弃车妙杀取胜，当属盲棋战中非同寻常之局。

1. 相三进五　炮8平5　　2. 马二进三　马8进7
3. 兵三进一　车9平8　　4. 车一平二　车8进6
5. 兵七进一　马2进1
6. 马八进七　炮2平4
7. 马七进六　车1平2
8. 炮八平七　车8退2
9. 炮二进二　卒7进1
10. 兵三进一　车8平7
11. 炮二平三　车2进8
12. 车二进四　车2平4
13. 马六退四　车7平6
14. 炮三进五　士6进5
（图17-1）

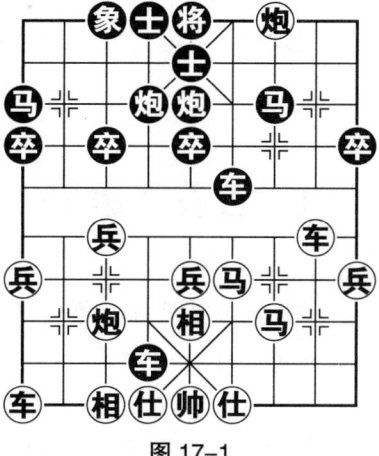

图 17-1

此时黑方胜局已定。红方如逃马，则炮4进7打仕，红方难以应付。实战中红方分炮失马，亦面临败局。

15. 炮三平一　车6进2
16. 仕六进五　将5平6
17. 兵七进一　马7进6
18. 车二进五　将6进1
19. 车二退一　将6进1
20. 兵七进一　马6进4
21. 马三进二（图17-2）

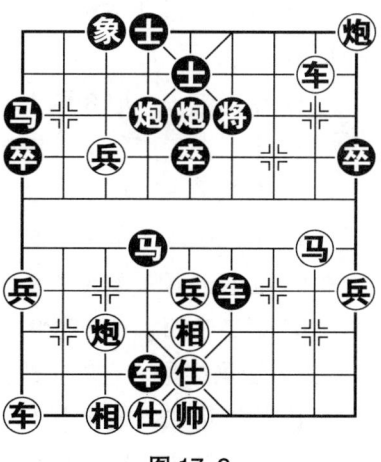

图 17-2

上一着黑马渡河来势汹汹,红方已不好应付。如图 17-2 形势,红马踩车,漏着。以下黑方速胜。

21. ………… 车 6 进 3　22. 仕五退四　车 4 进 1
23. 帅五进一　马 4 进 3

黑方顺势弃车成杀。盲棋战弈出如此精彩之着,观众雀跃欢腾,掌声不断。

纵观全局,红方左车始终一步未动,与一流高手交锋,焉得不败!

18. 首着飞边相——余仲明对黎金福

第四届"亚洲杯"象棋赛于 1986 年 12 月在香港举行,中国、香港、印度尼西亚(以上三队获得男子团体前三名)、泰国、新加坡、菲律宾、东马来西亚、西马来西亚、澳门等九个国家和地区的棋手进行了激烈的角逐。在 12 月 1 日首轮赛场上,出现了一盘从无先例的飞边相开局,由印尼余仲明执红棋对西马黎金福。

1. 相三进一　炮 8 平 4　2. 马二进四　马 8 进 7
3. 车一平二　象 7 进 5　4. 兵七进一　士 6 进 5
5. 炮八平三　马 2 进 1　6. 马八进七　车 1 平 2
7. 车九平八　车 9 平 6　8. 马四进六　炮 2 进 5
9. 仕四进五　车 6 平 8
10. 炮二进四　马 7 退 9　(图18-1)

黑方退马捉炮,空着。改走卒 7 进 1 较为稳正。

11. 炮二进二　炮 4 退 1　12. 马六退四　车 8 进 1
13. 车二进八　炮 4 平 8　14. 车八进二　车 2 进 7

15. 炮三平八	卒3进1	
16. 兵七进一	象5进3	
17. 炮八进四	士5进4	
18. 兵五进一	卒1进1	
19. 马七进五	炮8平3	
20. 相七进五	马1进2	
21. 兵三进一	马2进3	
22. 马四进三	炮3平1	
23. 炮八平九	炮1平2	
24. 炮九平八	炮2平1	

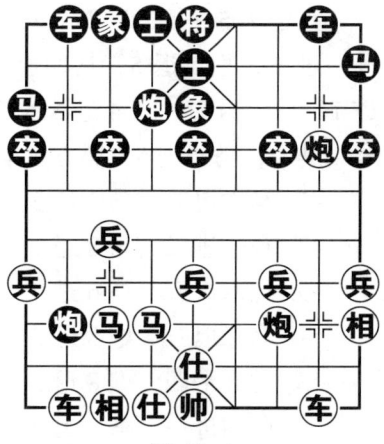

图 18-1

25. 马五退七	马9退7	
26. 炮八平七	象3退5	
27. 炮七平三	马7进8	
28. 炮三进一	象5退7	
29. 仕五进四	炮1平9	
30. 马七进五	炮9进1	
31. 炮三退一	马8进9	
32. 炮三平二	马9进8	
33. 马五进七	炮9进4	
34. 炮二平三	马8进7	
35. 帅五进一	马7退6	
36. 马七进六	象7进5	

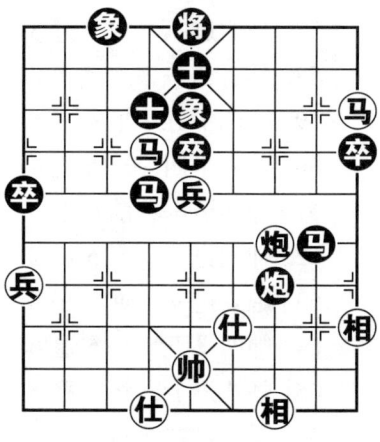

图 18-2

37. 兵三进一	马6退7	38. 兵五进一	士4进5
39. 兵五平四	马7退6	40. 马三进二	马6退8
41. 炮三退二	炮9平5	42. 相五退三	马3退4
43. 马二进一	炮5平7		
44. 兵四平五	(图18-2)	马4进2	

宜走卒5进1,以下马六退四,象5退7,马四退二(若马一进三,炮7退5,马四退二,卒9进1,马二进三,卒5进1,马三退一,马4进5,黑方将多双卒占优),象7进9,马二进一,马4进5,黑方多卒占优。

45. 马六退七　马2进3　　46. 帅五退一　象5退7
47. 马一进二　马8退7　　48. 兵五平四　马7进6
49. 仕六进五　马6进4　　50. 炮三平二　炮7平8
51. 马二退三　炮8进3　　52. 相三进五　马4进3
53. 帅五平四　炮8退3　　54. 仕五进六　前马退5
55. 帅四进一　马3退4
56. 兵四进一　卒5进1
57. 马七进八　象7进5
58. 马三退一　炮8平6
59. 帅四平五　炮6平5
60. 帅五平四　马5进4
61. 帅四退一　前马退5
62. 帅四进一　卒5进1
63. 炮二进一　炮5平6
64. 帅四平五　马5退6
65. 马八进七　将5平6
66. 马一进二　将6进1
67. 炮二平一　(图18-3)

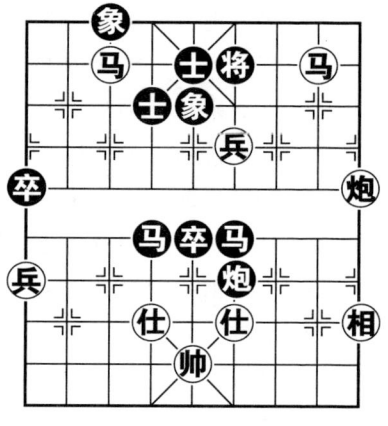

图 18-3

如图 18-3 形势,红方将马后炮成杀,黑方无解,告负。

这盘在大赛中别出心裁的飞边相开局,真可谓前无古人,也可能后无来者。奇特之极也!

19. 首着兵底炮——王嘉良对黄勇

　　黑龙江王嘉良是久经沙场的老将，常常在布局上走出冷着，兵底炮即是其一。所谓兵底炮开局，即首着左炮平七路或右炮平三路，又称马头炮、小当头，意图是打破布局体系的常规，使黑方无从准备。1987年春，在北京进行了有22名大师参加的"金菱杯"象棋大师邀请赛。2月8日第一轮中，王嘉良执红棋与1983年全国赛第五名河北黄勇对垒，第一步就走出了这样的怪招。

1. 炮八平七	马2进1	2. 炮二平五	马8进7
3. 马二进三	车9平8	4. 车一平二	车1平2
5. 兵九进一	炮8进4	6. 马八进九	卒7进1
7. 车九进一	炮2平5	8. 车九平四	车2进4
9. 仕四进五	士4进5	10. 马三退一	炮8平5
11. 车二进九	马7退8	12. 车四进五	卒5进1
13. 车四平三	后炮平7	14. 马一进三	炮5退1
15. 车三退一	象7进5	16. 车三平一	车2平4
17. 炮七平八	炮7进2	18. 马三进五	车4进1
19. 炮五平二	车4进1	20. 炮八进一	车4退3
21. 炮八进三	车4进3	22. 炮八退三	车4退3
23. 相七进五	马8进7	24. 兵一进一	车4平8
25. 炮二平四	车8平5	26. 炮四平一	车5平7
27. 车三平四	将5平4	28. 车四平三	马7进6
29. 车三平四	马6退7	30. 车三平四	马7进6
31. 车三平四	马6退7	32. 车四平三	马7进8

33. 马九退七

红方退马强求变化，不及车三平二，马8退7，车二平三，双方不变，可成和棋。

33. ………… 马8进9

34. 车三平四

如改走车三平二，则马9进7，黑方左中右合围帅府，大有攻势。

34. ………… 炮7进5

（图19-1）

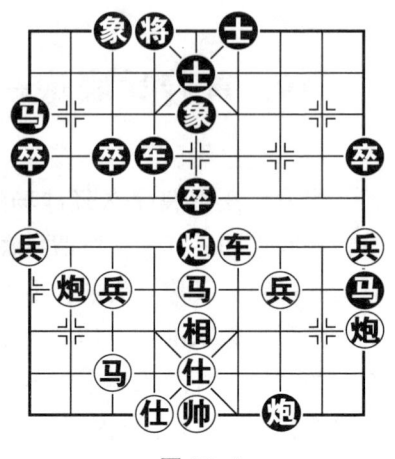

图 19-1

黑炮打底相，顿使红方处于被动受攻的境地。

35. 炮八退一　炮7平9
36. 车四平二　车4平6
37. 车二退一　车6进3
38. 炮八进一　车6进2
39. 马五进三　车6平9
40. 车二平一　车9平8
41. 帅五平四　车8进1
42. 帅四进一　炮9退3
43. 马三退一　车8退2
44. 马一进三　车8平9
45. 马七进六　车8平5
46. 马六进五　炮5平6
47. 马五进三　象5进7（图19-2）

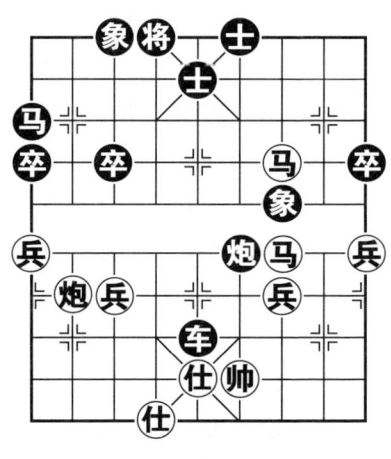

图 19-2

如图19-2形势，红方少子缺相，已无力抵抗，认负。

20. 一马停原位——刘星对邓颂宏

在水平接近的棋手对弈时，双方强子似应全部投入战场，方可一比高低。倘若有一个强子没有动过，尤其是有一个马自始至终仍停在原位，比较少见。1987年2月11日在北京举行的"金菱杯"象棋大师邀请赛第四轮中，两位广东棋手同室操戈，执红棋的刘星在中局阶段着着紧凑，迫使黑方邓颂宏到终局时依然无瑕动用右马，堪可称奇。

1. 炮二平五　马8进7　　2. 马二进三　卒7进1
3. 车一平二　炮8进2　　4. 炮八进二　卒3进1
5. 炮八平九　炮2平1　　6. 车九进一　卒1进1
7. 炮九进三　车1进2　　8. 车九平六　车9进1
9. 车六进三　车9平2　　10. 马八进九　炮8退3
11. 炮五平六　马7进6　　12. 车六进一　马6退5
13. 仕四进五　炮8平7　　14. 车六平三　卒1进1
15. 马九退七　卒1进1
16. 马七进六　象7进9
17. 车三退一　车2进5
18. 马六进七　车2平3
19. 马七退五　车3进3
20. 马五进四　炮7平3
21. 车二进五　车1平2
22. 相三进五　车3退6
23. 车三平六　士4进5
24. 车二进四　卒5进1
（图20-1）

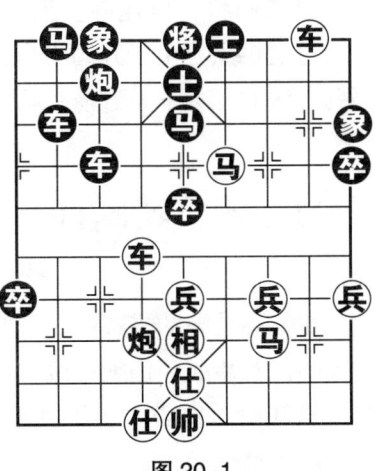

图20-1

鉴于红方有车六进四凶着，黑方挺卒以车捉马。但红方弃马砍士，黑方亦难以招架。

25. 马四进五　将5进1
26. 车二平四　炮3平1
27. 兵三进一　车2进1
28. 马三进四　炮1退1
29. 车四平一　车3平6
30. 马四退六　象3进1
31. 车一退一　车6退2
32. 车一退一　卒1平2
33. 车六进三　马5进7
34. 车一平三　卒2平3
35. 马六进五　车6进3
36. 马五退七　车2平5
37. 马七进六　将5退1　38. 兵三进一（图20-2）

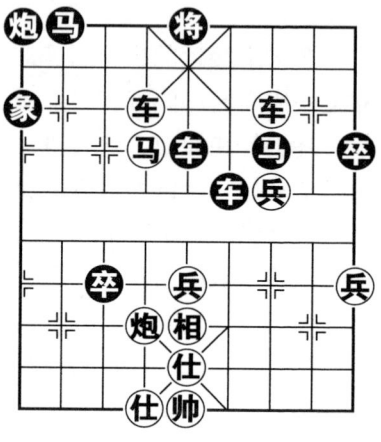

图20-2

如图20-2形势，红兵捉死马。黑车不能吃兵，否则红车二进二叫将，可速胜。黑方丢马后难挽败局，因此推枰认输。这盘棋黑方由于开局不当，局势一直处于紧张中，在红方强劲着法的压力下，致使一马成闲置。

21. 胜负转瞬间——任占国对胡荣华

在惊心动魄的棋赛中，看似胜利在握时，应当依然保持清醒头脑，对待战局仍须审慎，否则煮熟的鸭子也会飞，或许还会断送江山。这类例子不胜枚举。下面一局棋即属胜势欠审慎、随手遭伏杀之例。是局弈于1988年4月1日，出现于湖北省孝感市全国团体赛第一轮,由宁夏任占国执红棋对上海胡荣华。

1. 炮二平五　马2进3　　2. 马二进三　炮8平6
3. 车一平二　马8进7　　4. 兵七进一　卒7进1
5. 车二进六　车9进2　　6. 炮八平六　车1进1
7. 马八进七　车1平4　　8. 仕六进五　炮2进4
9. 车九平八　炮2平7　　10. 相三进一　象7进5
11. 兵五进一　车4进5　　12. 马七进八　车4平3
13. 兵五进一　车9平8　　14. 车二平四　士6进5
15. 兵五进一　马3进5　　16. 马八进七　车8进3
17. 车四平五　炮6进6
18. 车五平四　炮6平7
19. 仕五退六　车8平3
20. 马七进八　前车平4
21. 仕四进五　卒7进1
22. 车八进七　车3平5
23. 兵九进一　卒7平6
24. 炮六平七　前炮平6
25. 炮五进五　象3进5
26. 车八平五　车5平3
27. 车四退二　车3进2
28. 车五平三　炮7平6（图21-1）

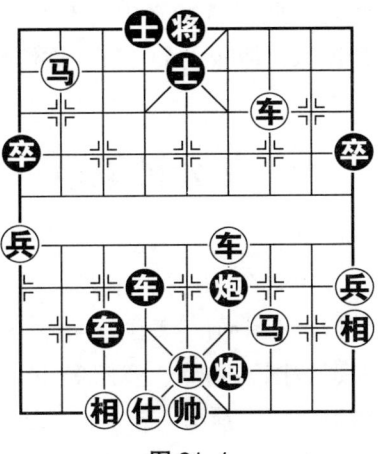

图 21-1

如图 21-1 形势,面对黑炮打车,红方只要车四平五则稳操胜券。不料任占国随手进车将军,致使黑将露头,反替对方做成杀局。好端端的一盘棋,只因一着失误,竟至前功尽弃、功败垂成,殊为可惜!

29. 车三进二　士5退6　　30. 马八退六　车4退4

31. 车四退一　车4进7
　　（图21-2）

如图21-2形势，黑方弃车成杀，好一个妙手！以下帅五平六，车3进2杀。

本局奇特处：当胜不胜反遭失败的原因是自己替对方制造了伏杀条件，犹如足球场上往己方空门补了一脚，而本该输棋的却意外捡个大便宜。此局奇特之中饶有几分趣味，趣味之余又有几许惋惜和遗憾。

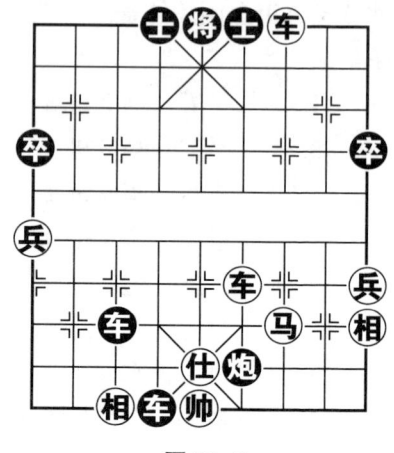

图 21-2

22. 九分钟取胜——黎惠东对柳大华

1988年10月，第四届"七星杯"象棋国际邀请赛在北京举行，有中国、美国、日本、新加坡、菲律宾、泰国、加拿大、法国、香港、澳门等10个国家和地区棋手进行了较量。结果中国、泰国、新加坡代表队获得团体前三名，曾获1980、1981年两届全国冠军的中国湖北选手柳大华获冠军，泰国谢盖洲、新加坡黄德兴分获二、三名。10月18日香港黎惠东（本次赛获个人第六名）执红棋对柳大华的一局棋，整个过程共用时38分钟，而柳方用时仅为9分钟。

1. 炮二平五　马8进7　　2. 兵三进一　车9平8
3. 马二进三　炮8平9　　4. 马八进七　卒3进1
5. 炮八进四　象7进5　　6. 车一进一　马2进3

7. 炮八平七　车1平2
8. 车九平八　炮2进2
9. 车八进四　车2进3
10. 炮七平三　卒5进1
11. 马三进四　士6进5
12. 兵七进一　卒3进1
13. 车八平七　炮2平3
14. 兵五进一　（图22-1）

进兵，授人以隙，劣着！结果被黑方一车换双后占得优势，继而摧毁红方防线，最后三子归边构成杀局。

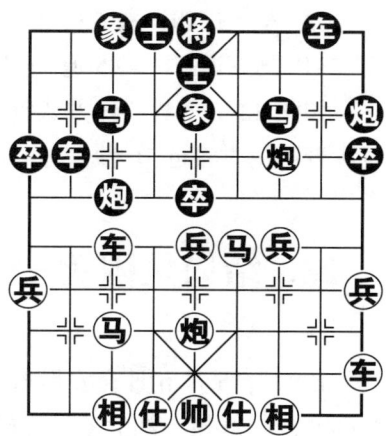

图 22-1

14. …………　卒5进1
15. 马四进五　车2平5
16. 炮五进四　马7进5
17. 车七平五　车8进3
18. 炮三进二　炮3进5
19. 仕六进五　马5进3
20. 车五平八　炮9平7
21. 车八退四　炮3退1
22. 仕五退六　前马进4
23. 车一进一　马3进4
24. 车一平六　后马进6
25. 车八进一　炮3进1
26. 仕六进五　车8退2
27. 相三进五　炮7平8
28. 车八退一　车8平7
29. 相五退三　车7进4
30. 车八平七　炮8进7
31. 车六平二　车7进4
32. 马七进五　马4进5

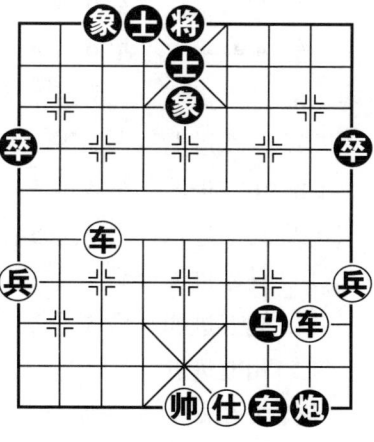

图 22-2

33. 车七进四　马6进7
34. 马五退三　马5退7（图22-2）

如图22-2形势，红方认负。柳大华着法"快狠准"，平均每步着法用时将近16秒，可谓神速奇妙。

23．结局呈困毙——阎文清对刘振文

1989年5月6日在安徽省泾县进行的全国团体赛中，河北阎文清执红棋与湖北刘振文较量。第13回合红方突然平六路炮打车，空出肋道，顿时黑方陷入困境。到第18回合时，黑方各子受困，只能眼睁睁任由红方马到成功，于是只得签城下之盟。

1. 兵七进一　炮2平3
2. 炮二平五　炮8平5
3. 马二进三　马2进1
4. 炮八平六　车9进1
5. 车一平二　车9平4
6. 仕六进五　马8进7
7. 马八进七　车1平2
8. 车二进四　车4进5
9. 马七进六　士4进5
10. 马六进五　马7进5
11. 炮五进四　炮3平2
12. 相七进五　炮2进4　13. 炮六平八（图23-1）

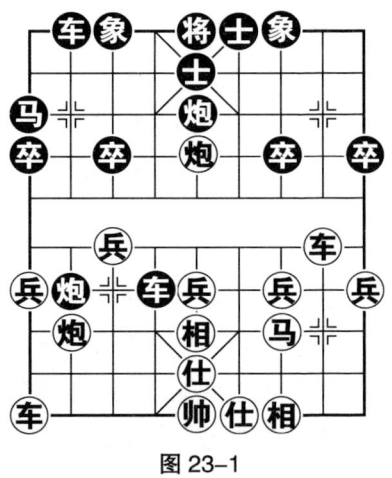

图23-1

佳着！红炮打车，如当头一棒，黑方顿时陷入困境。

13. …………　车2平1

如改走炮打中兵，其结局也不妙。变化如下：炮2平5，车九平六，车2进6，车二平六，车4退1，车六进四，前炮平4，帅五平六，卒3进1，兵七进一，车2退3，炮五退三，车2平5，炮五进四，象7进5，车六退一，红方得子胜定。

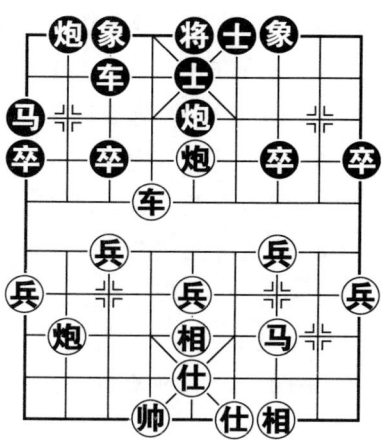

14. 车九平六　车4进3
15. 帅五平六　车1进1
16. 车二平六　炮2退6
17. 兵三进一　车1平3　　18. 车六进一（图23-2）

图23-2

如图23-2形势，黑方除边线卒、7路象和3路车在有限的范围可活动外，其余各子均无法行动。红方三路马一路雄风，毫无阻挡，必将卧槽或挂角擒敌将。黑方认负。本局红方用时仅20分钟，结局以困毙取胜，并且红方五个兵一个不少，全国大赛出现如此短局，确乎奇特而有趣。

24. 双方空头炮——阎文清对曾东平

1990年在河北省邯郸市举行的全国团体赛上，6月20日第13轮由河北阎文清执红棋对四川曾东平。对弈中红方怪招频频，令人错愕。残局阶段红方有车杀无车，结局时黑方以失子而败阵。

1. 兵七进一　炮2平3　　2. 炮二进二　炮8平5

3. 马二进三　卒3进1
4. 马八进九　卒3进1
5. 兵三进一　炮5进4
6. 马三进五　炮3平5
7. 炮八平五　炮5进4
8. 炮五进四（图24-1）

红炮打卒，黑方陷入困境。如图24-1形势，黑方底线子未动，双方空头炮，局面稀奇。

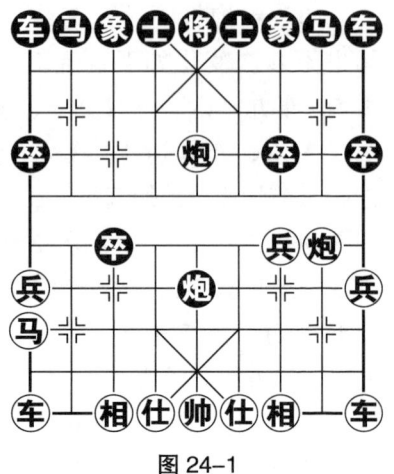

图24-1

8. ………　车9进1
9. 炮二平七　炮5退2
10. 车一平二　车9平4
11. 车二进五　卒7进1
12. 车二平三　车4进3
13. 马九进七　象7进9
14. 炮七进三　马2进3
15. 马七进六　象9进7
16. 马六进五（图24-2）
士6进5

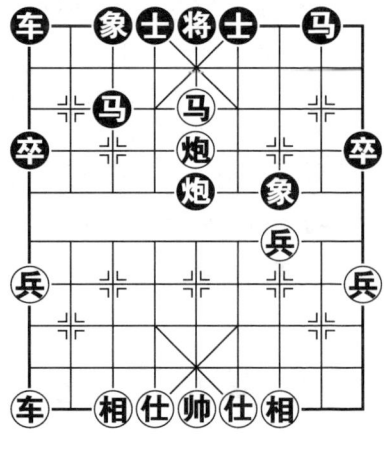

图24-2

曾东平自评：黑方此时明显应走马3进5，则马五进七，将5进1，马七进九，炮5平1，车九平八，炮1退4，车八进八，将5退1，车八平二，象7退5，车二进一，炮1进6，和定。可惜我当时时限较紧，形势好转警惕性放松，头脑中又鬼使神差地出现"双将"错觉，诸多因素之和令我走出了补士的大臭棋。

17. 马五进七	将5平6	18. 马七进九	马3进5
19. 车九进二	马8进7	20. 车九平四	炮5平6
21. 兵三进一	马5进7	22. 马九退八	象3进5
23. 马八退六	炮6进2	24. 仕六进五	马7进5

25. 相七进五 士5进4
26. 车四平二 将6平5
27. 车二进四 士4进5
28. 马六退五 马5进6
29. 车二进三 士5退6
30. 车二退五 马7进8
31. 兵一进一 炮6平2
32. 车二进二 炮2退6
33. 仕五进四 炮2进6
34. 相五进三 马8进7
35. 帅五进一 炮2平9
36. 车二退五 （图24-3）

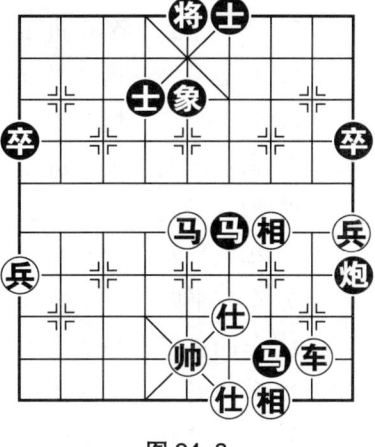

图 24-3

如图 24-3 形势，黑方必失子，遂认负。

弈至第 2 回合，红方弈出巡河炮怪招，无谱可循，一奇；弈完第 7 回合，黑方底线子一个未动，难得一见，二奇；弈至第 8 回合，局面呈现两个空头炮，别开生面，三奇。

25．正面闷将胜——刘殿中对苗永鹏

1975 和 1984 年全国赛皆获得第四名的河北名将刘殿中对排局素有研究，少年时代即创作排局发表于期刊。其对局中常有惊人之着，堪与排局媲美。且看他在 1990 年杭州全国个人

赛中，弈出的一盘非同寻常的结局——对方老将在宫心被闷将（一方用炮将军时，利用对方棋子无路可走被迫做炮架，致使对方棋子自堵将帅的活动通道，称为"闷将"）而告负。此局由刘殿中执红棋对辽宁苗永鹏，弈于10月19日第八轮。

1. 炮二平五　马8进7　　2. 马二进三　车9平8
3. 车一平二　卒7进1　　4. 车二进六　马2进3
5. 兵七进一　炮8平9
6. 车二平三　炮9退1
7. 马八进七　士4进5
8. 炮八平九　车1平2
9. 车九平八　炮9平7
10. 车三平四　马7进8
11. 车四进二　炮2退1
12. 车四退三　象3进5
13. 车八进七　马8进7
14. 车四退二　炮7进1
15. 炮九进四　车8进8
16. 炮九进一　马3退4
17. 车八退一（图25-1）　马4进3

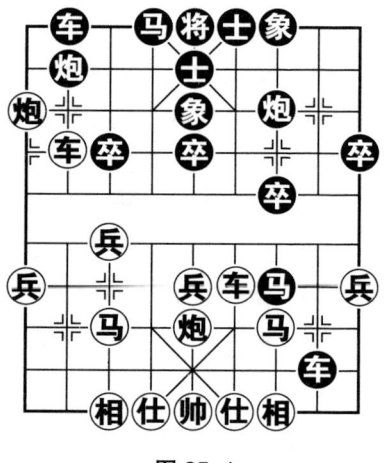

图 25-1

进马，实战效果不佳。似应改走炮7退1，以下马七进六，车8平7，炮五进四（若马三退五，马7进8，马五进七，卒7进1，黑方大有攻势），车7退1，马六进七，车2平1，车八进一，车7平4，马七进八，马4进2，车四进五，车4退4，炮九平五（若炮五退一，炮7进1，车八平五，将5平4，以下：一、车五平三，车4进6，帅五进一，车4退7，车三平六，马2进4，红方必失子黑方胜；二、仕四进五，炮7平1，炮五进三，马2进4，黑方胜），将5平4，仕四进五，炮7进1，车八进一，车4平5，黑方多子占优。

18. 马七进六 马7退8	19. 马六进七 炮7进5
20. 车八进一 车8平7	21. 相三进一 车7平4
22. 炮九平七 车2平4	23. 仕四进五 炮2平3

24. 兵七进一 前车退5
25. 车四平二 马8退9
26. 兵五进一 马9进7
27. 车二平七 前车进2
28. 马七进九 炮3进3
29. 炮五进四 前车平5
30. 车八退一 马7退6
31. 炮七进二 车4进2
32. 马九进七 车4退1
33. 炮七退四 车5退2
34. 车八进三 士5退4
35. 炮七平九 车5平1
（图25-2）

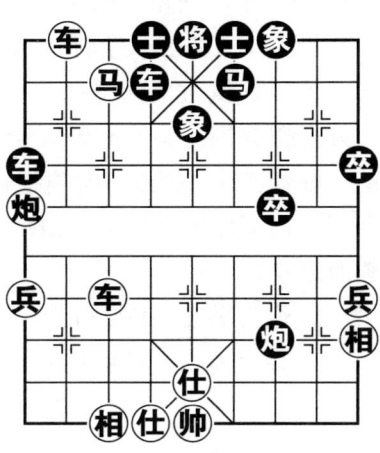

图25-2

36. 炮九平八 马6进4
37. 炮八平六 马4进5
38. 车八平六 将5进1
39. 车七平二 车1平7
40. 马七退六 马5退4
41. 炮六平五（图25-3）

如图25-3形势，红方胜。黑方老将坐宫心，有象不能飞。如此奇局，甚有趣味。

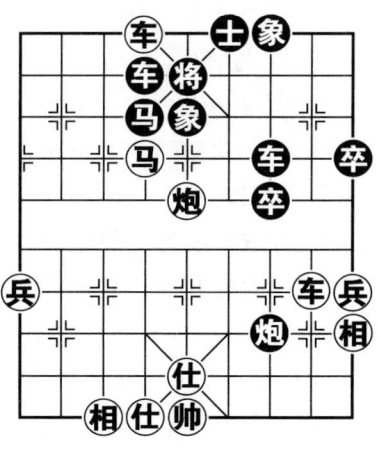

图25-3

26. 兵卒皆无损——王友德对李鸿嘉

1990年广州市举行第三届"广氮杯"象棋大奖赛，12月5日进入决赛第二轮时，出现了一盘颇为精彩的对局，由王友德执红棋对李鸿嘉弈成。开局阶段红方一着露出破绽，黑方把握契机，突然炮轰底仕，继而调动双车一炮，步步紧逼，妙着连珠，把红方帅府搅得支离破碎。红方虽竭力抗拒，奈何抵挡不住黑方攻势，最后红帅动弹不得，被黑方构成绝杀而败阵。

1. 炮二平五　马2进3
2. 兵七进一　炮8平6
3. 兵三进一　马8进7
4. 马二进三　车9平8
5. 炮八平七　象3进5
6. 马八进九　炮2平1
7. 车九平八　士4进5
8. 马三进四　车1平4
9. 车八进三　炮6进7

（图26-1）

红方进车漏着。黑炮轰底仕，由此打开通往胜利的缺口。

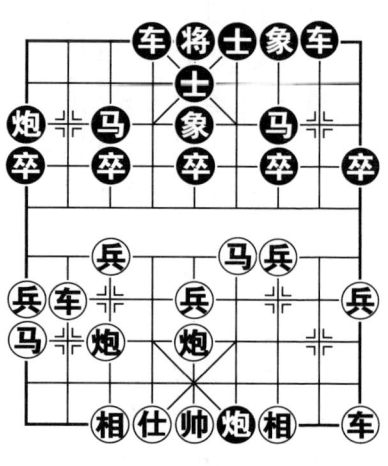

图 26-1

10. 帅五平四　车4进9
11. 炮五退二　车8进8
12. 车八平六　车4平3
13. 炮七退一　炮1平2
14. 马四退五　炮2进6
15. 炮七平三　车3退2

16. 炮三进一　车3进1
17. 炮三退一　车3平5
18. 马九退八　车8退4
19. 车一进一　炮2平7
（图26-2）

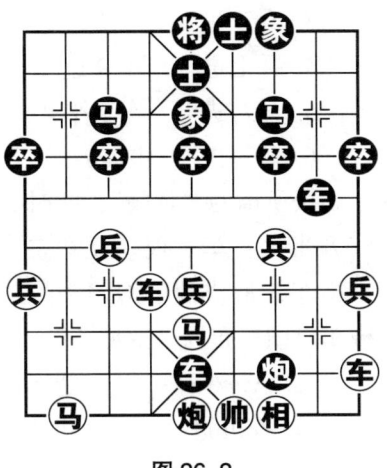

图 26-2

如图 26-2 形势，红方无法应对黑车迎头杀棋，只得投子认输。

本局奇特处有四：一是 19 回合即分出胜负，为少有的精彩短局；二是对弈始终红方没有一子过河，形成黑方"一边倒"局面；三是结局时双方兵卒一个都不少；四是黑方五个卒一个未动。

27．奇着胜须眉——胡明对马仲威

1991 年 9 月，在我国昆明市举行了"宝仁杯"顺炮王世界争霸战（比赛规定要以顺手炮布局），来自世界各地的 20 名象棋高手参加了角逐。刚刚获得第二届世界象棋锦标赛女子冠军的中国姑娘胡明是参赛的唯一女性，结果勇夺第七名，引人瞩目。9 月 17 日她执红棋，与刚夺得第二届世界象棋锦标赛男子季军的台北名将马仲威对垒，第 6 回合走出一步古今象棋谱中不曾出现的奇着。布局"离谱"，对弈全凭临场发挥。比赛结果巾帼胜须眉。

1. 炮二平五　炮 8 平 5　　2. 马二进三　马 8 进 7

3. 兵三进一　马2进3
4. 兵七进一　车9进1
5. 马八进七　车9平4
6. 车一进一（图27-1）

按所谓的"常规"，此时红方当出直车。现一反常态出横车，形成顺手炮两头蛇横车对横车布局，少见。

6. ……………　士4进5
7. 车九进一　象3进1
8. 车一平六　车1平4
9. 车六进七　车4进1
10. 马三进四　卒5进1
11. 炮八进四　车4进6
12. 车九进一　炮5进4
13. 仕四进五　炮5退1
14. 炮八平三　象7进5
15. 车九平八　炮2退2
16. 兵三进一　卒3进1
17. 兵三平四　车4退4
18. 炮三退四　马7进6
19. 车八进五（图27-2）

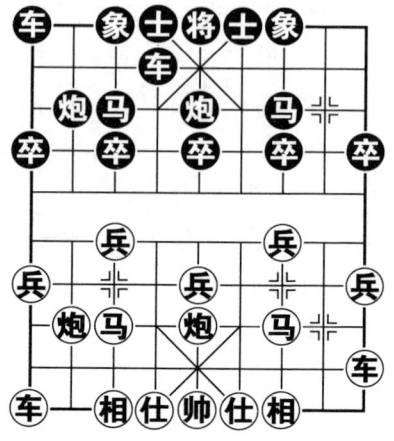

图 27-1

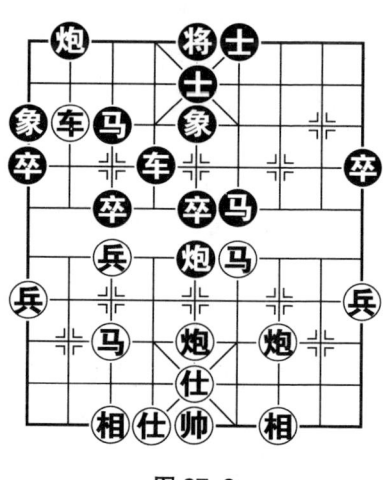

图 27-2

黑方如接走车4平7，则车八平七，车7进2，马七进五，车7平6，车七平五，车6平7，车五退二，马6进5，车五退一，车7进2，车五退一，红方大占优势。

19. ……………　车4退1　20. 马四进二　象5进7

21. 炮三平二 炮5平8	22. 兵七进一 炮2平3
23. 车八退三 炮3进4	24. 相七进九 炮8进1
25. 车八退一 炮8退1	26. 车八平四 马6退5

27. 炮二进一 卒5进1
28. 马二进三 马3进4
29. 炮五平二 马5进7
30. 马三退一 炮8退3
31. 车四平三 马7退6
32. 后炮平四 马6进5
33. 炮四平五 马5进6
34. 炮二进一 马6进5
35. 相三进五 象7退9
36. 马七进八 马4退3
37. 相九退七 车4进1
38. 车三进四 车4平9
39. 车三平七 （图27-3）

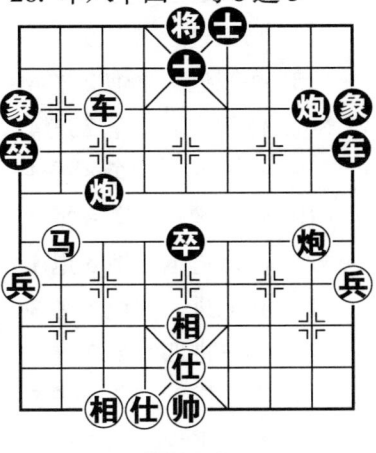

图 27-3

如图 27-3 形势，黑方因超时判负。如不超时，也难应付。

女子与男子同台在国际大赛上较量，奇！斗顺炮布局时，以横车应对横车，怪！

28. 双方无仕相——许银川对林宏敏

一盘棋在一番苦斗后双方仕相（士象）皆无，这种局面难得一见，但在大连全国个人赛中，就出现了这种双方皆"光帅"的怪异局面。这盘棋由 16 岁的广东许银川（1988 年全国少年冠军、1990 年全国赛第九名）执红棋对上海林宏敏

（1983年全国赛第三名、1986年全国赛第四名），弈于1991年10月25日第九轮。

1. 相三进五　炮8平5　　2. 马八进七　马8进7
3. 马二进三　车9平8　　4. 车一平二　马2进1
5. 兵三进一　炮2平4　　6. 车九平八　车1平2
7. 仕四进五　车2进4　　8. 炮八平九　车2进5
9. 马七退八　车8进4
10. 炮二平一　车8平2
11. 马八进七　炮5退1
12. 兵七进一　炮5平3
13. 马三进四　卒3进1
14. 车二进五　象3进5
15. 车二平六　车2退2
16. 兵七进一　炮4平3
17. 兵七进一　前炮进5
18. 兵七平八　后炮进8
19. 相五退七　车2进1
20. 车六进二　马1退2
21. 马四进六（图28-1）炮3退3

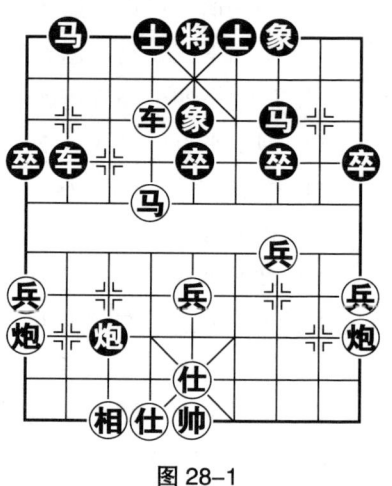

图28-1

不如改走士4进5，则车六平五，象7进5，马六进八，卒7进1，黑方局势尚无大碍。

22. 马六进五　象7进5　　23. 车六平五　士6进5
24. 车五平三　车2进4　　25. 炮一平五　士5进6

如改走车2平3，则仕五进六，车3平4，炮九进四，车4平3，炮五进四，士5进6，炮五退二，炮3进5（若车3退1，炮九平五，炮3平5，前炮进二，红方胜），仕六进五，车3退4，炮九退一，车3进1，炮九进一，红方大占优势。

26. 车三平四	车 2 平 3	27. 仕五进六	车 3 平 4
28. 车四平五	士 4 进 5	29. 车五退一	车 4 平 3
30. 仕六进五	炮 3 进 5	31. 仕五进六	车 3 平 4
32. 帅五进一	将 5 平 4		
33. 车五平七	车 4 进 1		
34. 帅五退一	车 4 进 1		
35. 帅五进一	马 2 进 1		
36. 车七进一	车 4 退 1		
37. 帅五退一	车 4 进 1		
38. 帅五进一	车 4 退 1		
39. 帅五退一	车 4 退 1		
40. 炮五进六			

至此，双方皆无仕相。

40. …………	炮 3 退 6		
41. 炮五退二	车 4 平 1		
42. 车七平六	将 4 平 5		
43. 车六平九	车 1 退 1 （图 28-2）		

图 28-2

如图 28-2 形势，光帅对光将，车炮三兵对车炮三卒，排布宛如排局造型。对弈中走出如此局面，诚为一奇。

44. 兵五进一	炮 3 进 2	45. 车九平五	将 5 平 4
46. 车五平六	将 4 平 5	47. 车六退三	炮 3 退 4
48. 帅五平六	炮 3 平 7	49. 兵五进一	车 1 平 9
50. 炮五进一			

炮前兵后，紧锁中路，其构思极为精妙。

50. …………	车 9 平 2	51. 兵五进一	车 2 退 3
52. 车六平五	炮 7 平 4	53. 炮五进一	

虎口献炮，妙手！

53. ………… 将5平6
54. 帅六平五 炮4退1
55. 炮五进一

再次强行献炮，令人拍案叫绝。

55. ………… 车2退2
56. 兵五进一 车2平6
57. 兵五进一 （图28-3）

如图28-3形势，黑方只能认输。

本局残局阶段，恰似精雕细刻的排局。红方入局过程，堪称上乘佳构。其艺术魅力，如醇厚的美酒回味悠长，予人以美的感受。

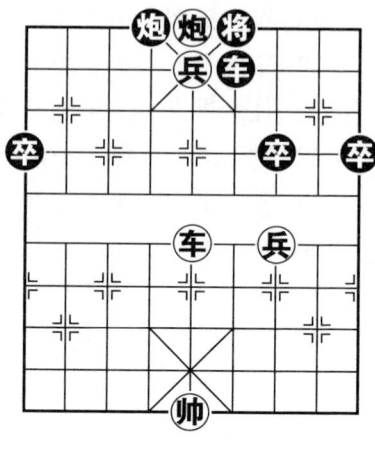

图28-3

29．二炮成闲置——熊学元对郭福人

象棋中炮的活动能量最大，直横可走，隔子可打。一局棋中如果未用炮，已属少见，假若对弈双方各有一门大炮从未动过，更为奇特。在1991年大连全国个人赛上，就出现一盘这样的奇局，弈于10月27日第十一轮，由1990年全国赛第五名湖北熊学元执红棋对厦门名将郭福人。

1. 兵七进一　马8进7　　2. 马八进七　卒7进1
3. 车九进一　象3进5　　4. 相三进五　马2进4
5. 马二进三　车9进1　　6. 车一进一　车1平3

7. 马七进六　卒3进1
8. 兵七进一　车3进4
9. 车九平七　车3平4
10. 车一平六　炮8进1
11. 马六退七　车4平3
12. 马七进六　车3平4
13. 马六退七　车4平3
14. 车六进一（图29-1）

红方如仍走马七进六，则车4平3，双方不变作和。现在红方升车变着，被黑方抢得先手，红方处于劣势。

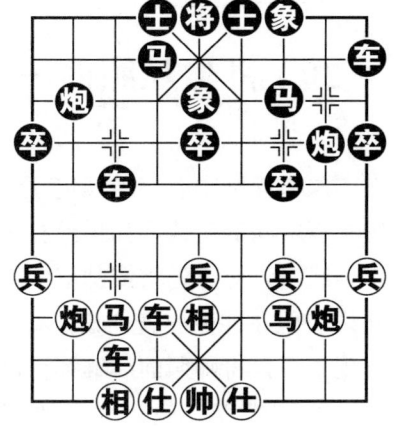

图 29-1

14. ………　马4进3
15. 兵三进一　卒7进1
16. 相五进三　马3进5
17. 相七进五　马5进6
18. 车七平六　士6进5
19. 炮二进一　炮8平7
20. 马三退一　马6进7
21. 后车平四　车9平6
22. 炮二退二　车3平8
23. 帅五进一　车6进5

（图29-2）

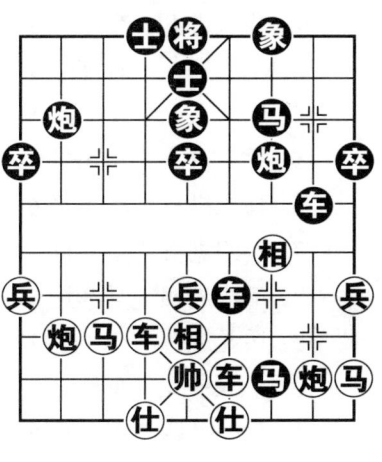

图 29-2

如图29-2形势，红方必将失去马炮，于是罢战认输。本局双方各自只损失二兵二卒，也很稀奇。

30. 将帅互照面——阎文清对林宏敏

象棋规则中有一条规定，红黑双方的帅和将不能照面，即帅和将中间的直线上如果没有棋子隔开，当一方的将或帅占着这条线时，对方的将或帅就不能过来；将帅互相照面，绝对不允许。但在江西省抚州市进行的1992年全国团体赛上，竟然出现了一盘将帅照面后继续行棋的对局，令人咂舌！这盘棋弈于5月13日第三轮，由1990年全国赛第四名河北阎文清执红棋对上海林宏敏。

1. 相三进五　炮2平4
2. 马八进九　卒1进1
3. 车九平八　马2进1
4. 炮八平七　象7进5
5. 兵三进一　车1进1
6. 马二进三　车1平6
7. 仕四进五　士6进5
8. 车八进四　马8进7
9. 兵九进一　卒1进1
10. 车八平九　车6进3
11. 车一平四　车9平6
12. 车九平四　卒7进1（图30-1）

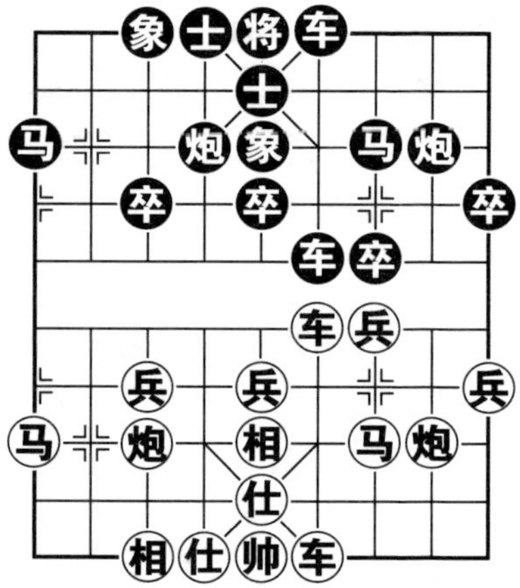

图 30-1

如图30-1局面，中轴线及红方右翼（黑方左翼），双方子力相同，部署位置对称，四车相遇一条线，如此景观实难得。

13. 前车进一　车6进4　14. 车四进五　马7进6
15. 兵三进一　象5进7　16. 马九进八　马6进4

17. 炮二平一　马1进2　　18. 炮七平八　炮4平2
19. 炮八进三　炮2进3　　20. 兵七进一　马4进6
21. 炮一进四　炮8平7　　22. 马三退二　卒5进1
23. 炮一平四　炮7平5　　24. 马二进四　象7退9
25. 炮八平九　炮2进3
26. 仕五退四　马6进7
27. 炮四平五　将5平6
28. 炮九退二　士5进4
29. 兵一进一　将6进1
30. 兵一进一　炮5退2
31. 兵一进一　炮2平1
32. 炮五平四　炮5进6
33. 相五进三　象9进7
34. 兵一平二　将6平5
35. 炮四退四　炮5平8
36. 炮四平二　炮8平3
37. 炮九平八　炮1平2
38. 炮二退一　卒5进1
39. 兵二平三　卒5平4（图30-2）

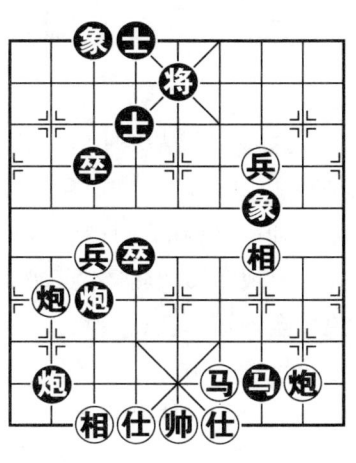

图 30-2

进入第39回合时，红方用时告急，黑方为抓紧行棋，不让对方有更多的思考时间，匆忙中走动中卒。如图30-2局面，将帅照面，千古一绝。红方因限时的步数极为紧张，对此却浑然不觉。当席裁判员为做记录也未发现。对弈双方为赶时间，精神极度紧张，接着又走了一个回合。

40. 相七进五　象3进5

红方接走上相，黑方又飞象到中路。旁观者掩鼻而笑，这时裁判员发现行棋错误。而此时阎文清的计时钟小旗倒下，结果被判超时作负。河北队颇有异议，一时在赛场酿成轩然大波。后经裁判长、仲裁委员会调查后做出处理，风波方告平息。

这个将帅照面的对局，在全国大赛中可谓绝无仅有的奇局。

31. 一车无瑕动——胡荣华对吕钦

这是一盘结束时有一车未曾动用的对局。由于对弈者一方是有"十联霸"之誉的一代枭雄上海胡荣华，另一方是有"羊城少帅"之称的弈林精英广州吕钦，二人皆为象棋特级大师，并且出现在第四届"银荔杯"象棋全国冠军赛上（参赛人均为象棋全国冠军获得者），让人有些莫名其妙。胜者究竟有什么绝招致使对方尢瑕动车？且看胡荣华执红棋先行，1993年6月5日弈于桂林市的着法。

1. 炮二平五	马8进7	2. 马二进三	车9平8
3. 兵七进一	卒7进1	4. 马八进七	马2进3
5. 车一进一	象3进5	6. 车一平四	炮8平9
7. 炮八进二	马7进8	8. 马七进六	士4进5
9. 炮五平六	马8进9	10. 马三退五	车8进3
11. 相七进五	卒5进1	12. 马五进七	卒9进1
13. 车九进一	卒9进1	14. 炮六进一	炮2退1
15. 车四进三	卒9平8	16. 车九平四	炮2进2
17. 前车进一	卒8进1	18. 前车退一	卒8平7
19. 前车平一	前卒平8	20. 炮八退一	炮9平8
21. 兵五进一	卒5进1	22. 车一平五	马9退8
23. 炮六平五	（图31-1）		

红方中路即将展开攻势，形势大好。

23. ……　　马8进7
24. 炮八平三　卒8平7
25. 车四进七　马3退4
26. 车五平四　炮8退2
27. 前车平三　象7进9
28. 车三退三　马4进3
29. 车三平五　象9退7
30. 车四进四　炮2退2
31. 炮五进四　将5平4
32. 车五平六　炮2平4
33. 炮五退四　卒3进1
34. 车六进三　将4进1
35. 炮五平六　马3进4
36. 马六进四　马4进6
37. 炮六退一　（图31-2）

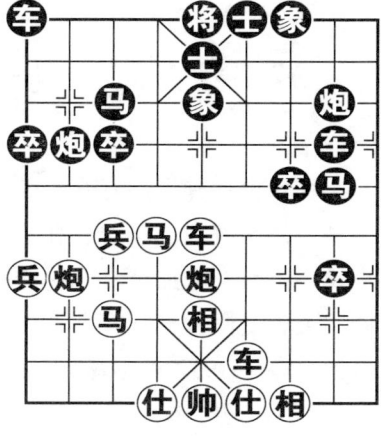

图 31-1

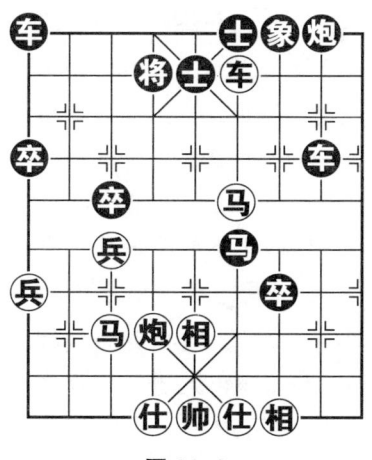

图 31-2

如图31-2形势，黑方停弈认负。面对红马捉车，以下黑方如走车8退1，则马七进六，车8平4（若马6退4，炮六进三，红胜定），马六进五，车4平5，马五退四，黑方失马后仍无法摆脱困局，红方胜定。

黑方右车在原位未动，令人奇怪。纵观对弈全局过程，可知黑方皆因对方攻杀紧迫而容不得工夫，结果老将被困在劫难逃，因而告负。原来如此，也就不足为怪了。

32. 双方闲一马——刘美松对吕钦

在象棋兵种里马有八面威风之誉，如果对局终了双方各有一马自始至终没有动过，比之单方一马未动（如本书图 20-2）来说，更是奇上加奇。如此稀有之局，出现在广州举行的第二届"芙蓉度假村杯"广东省棋王邀请赛中，由刘美松执红棋对吕钦，弈于 1993 年 6 月 21 日第四轮。

1. 兵三进一　炮 8 平 7
2. 炮八平五　象 7 进 5
3. 炮五进四　士 6 进 5
4. 相三进五　马 8 进 6
5. 炮五退一　车 9 平 8
6. 马二进四　车 1 进 1
7. 车九进一　（图 32-1）

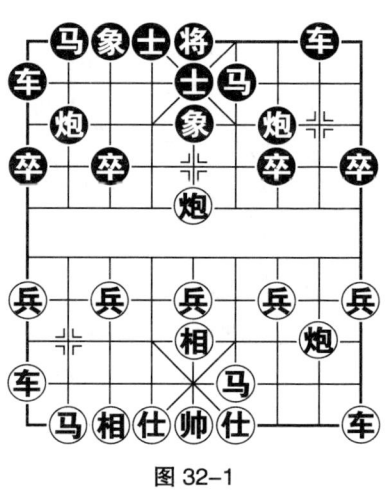

图 32-1

出横车不如改走马八进七，以下黑方如走车 1 平 4，则车一平二，车 4 进 3（若马 2 进 3，车九进一，车 4 进 3，兵五进一，马 3 进 5，兵七进一，卒 7 进 1，炮二进三，车 4 进 2，马四进五，红方较优），兵五进一，车 4 进 1，炮二进二，卒 7 进 1，兵七进一，车 4 进 3，马四进五，卒 7 进 1，相五进三，红方可抗衡。

7. ………　车 1 平 4　　8. 车一平二　车 8 进 4
9. 兵五进一　车 4 进 4　　10. 炮二进二　车 4 进 1
11. 马四进五　炮 7 平 8　　12. 车九平四　车 8 平 5

13. 兵五进一	炮8进7	14. 仕四进五	车4平5
15. 车四进七	车5退2	16. 炮二进五	车5平8
17. 炮二平一	炮8平9	18. 帅五平四	车8进5
19. 帅四进一	炮2进6	20. 仕五进六	士5进6

21. 车四退一

如改走车四平八，则车8退1，帅四退一，炮2平7，黑方胜。

21. ………… 车8退1
22. 帅四退一 炮2平7

（图32-2）

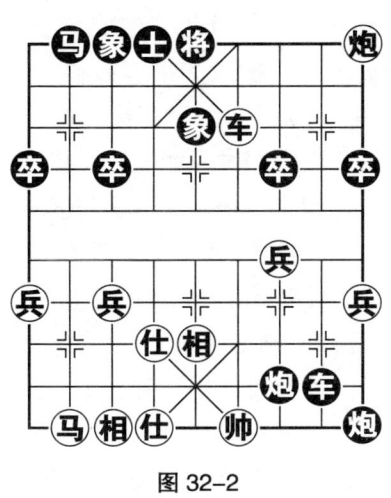

图 32-2

如图 32-2 形势，黑方构成绝杀，红方认负。红马黑马，原位未动，遥相而对，别有韵味。

33. 另样盲棋战——谢望生对柳大华

为了支持扶残助疾事业，当第四次全国助残日到来之际，1994 年 5 月 3 日，特级大师柳大华应武汉市残疾人服务中心的邀请，与 12 位残疾人棋手（其中 8 位是盲人）进行了车轮盲棋战。比赛开始，盲人棋手一个个聚精会神地用手触摸棋子，摆出自己的走法，由裁判员报出着法后，柳大华以口述应对。真盲人与假盲人的比赛，可谓别开生面。这场另样的盲棋战，历时两个半小时，以柳特师取得 9 胜 3 和的战绩结束。

如图 33-1 局面，是第六台盲人棋手谢望生执红棋与柳大华对弈至第22回合，红方走了马九进八之后的形势，见诸1994年7月18日出版《象棋报》第264期郭子福撰写《别开生面的盲棋赛》。

观枰可知，红方集中车、马、双炮于黑方右翼，一旦帅五平六后，将对黑方构成严重威胁。但柳大华毕竟技高一筹，果断地弃马踩仕，抢先成杀。入局过程如下：

22. ………… 马7进6

弃马踩仕，精妙！算准车双炮可以给红方以致命打击。

23. 帅五平四

如改走：一、帅五平六，则马6退4，红方胜；二、马八进六，马6退7或车8进3，皆绝杀，红方胜。

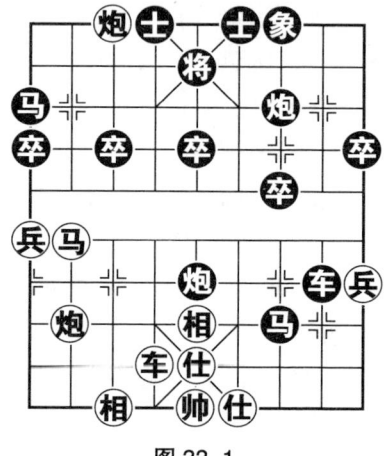

图 33-1

23. ………… 车8进3

24. 帅四进一

如改走相五退三，车8平7，帅四进一，虽不致速败，但黑方仍大占优势。

24. ………… 炮5平6
25. 马八进六 炮7平6
26. 马六进四 车8退1
27. 帅四退一 前炮进2
28. 仕五进四 前炮退5
（图33-2）

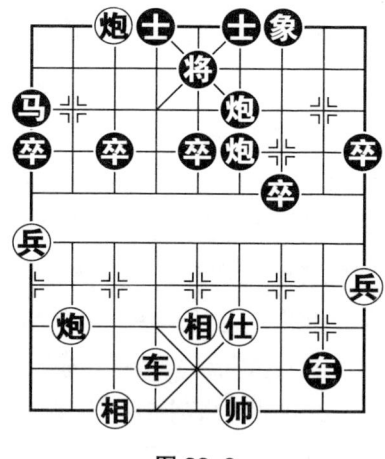

图 33-2

如图 33-2 形势，黑炮打马照将抽车，红方认负。

真假盲人的盲棋战颇为奇特，结局时五个黑卒无损，也非一般。

34．出车则获胜——赵庆阁对黄世清

1995 年初秋，有海内外 170 多人参加的第七届"棋友杯"象棋大奖赛在辽宁省丹东市举行。8 月 13 日，1974 年全国赛第三名辽宁赵庆阁执红棋与广西黄世清相遇，双方扭杀颇见功力。本局之奇为黑方右车刚一出动，红方立即投子认输。

1. 马二进三　卒 7 进 1　　2. 兵七进一　马 8 进 7
3. 马八进七　象 3 进 5　　4. 炮八平九　车 9 进 1
5. 车九平八　炮 2 平 4　　6. 炮二平一　马 7 进 6
7. 车一平二　炮 8 平 7　　8. 车二进六　卒 7 进 1
9. 车二平四　马 6 进 8　　10. 马三退五　卒 7 进 1
11. 炮一平五　马 2 进 3
12. 炮五进四　士 4 进 5
13. 炮五退二　车 9 平 8
14. 相三进一　炮 4 进 2
15. 车八进六　炮 4 平 8
16. 相一进三　马 8 进 7
17. 车八退一　炮 8 进 5
18. 马五退三　马 7 进 9
19. 相七进五　马 9 退 8
20. 炮九退一　卒 7 进 1
21. 炮九平四　卒 3 进 1

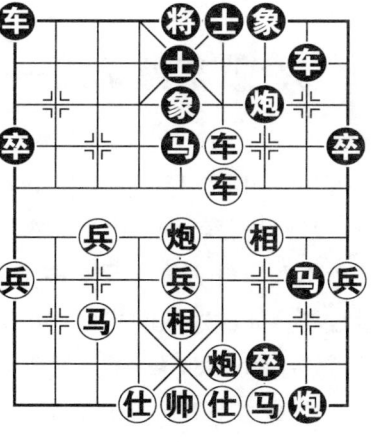

图 34-1

22. 车八平七　卒7进1
23. 车七平四　马3进5（图34-1）

黑方弃马，恰到好处，致使红方陷入困境。以下如接走炮四平九，则卒7平6，后车退四，炮7进7，帅五进一，炮7退1，后车进四，车1平2，黑方胜定。

24. 前车平五　卒7平6
25. 车五平三　卒6进1
26. 帅五进一　车8进3
27. 车四进三　马8退7
28. 车三进一　马7进5
29. 兵五进一　车8进4
30. 车四退七　车1平2

（图34-2）

如图34-2形势，黑方开出右车，恰到好处。红方见此，只得认输。

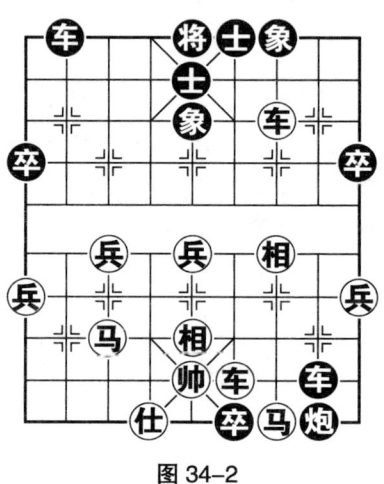

图 34-2

35. 献车做杀局——李望祥对袁洪梁

1996年10月全国象棋个人赛在浙江省宁波市举行，内中有一盘对局很特别，由湖北李望祥执红棋对邮电袁国梁。此局开盘不久，红方弃七兵掌握主动权，弈至第16回合，黑方即成败局。如此短捷的战局，在历届全国大赛上屈指可数。红方最后妙手献车即将成杀，黑方竟然无计可施，令人叫绝！

1. 炮二平五　马8进7　　2. 马二进三　车9平8
3. 车一平二　马2进3　　4. 兵七进一　卒7进1

5. 炮八平七　炮2进6
6. 车二进四　车1平2
7. 车九进二　炮2退3
（图35-1）

退炮打车给红方造成进攻取势机会，不及炮2退4巡河为宜。

8. 兵七进一　卒3进1
9. 车九平八

弃兵后平车邀兑，红方已掌握主动权。

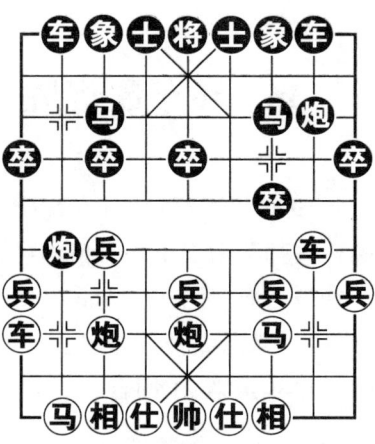

图 35-1

9. ………　炮2平3
10. 相七进九　车2进7
11. 炮五平八　炮3进1
12. 马八进六　炮3平7
13. 相三进五　马3退1
14. 炮八进六　象7进5
15. 车二平六　车8进1
（图35-2）

如图35-2形势，黑车捉炮，意欲缓解右翼压力，大漏着！如改走将5进1，黑方虽然处于劣势，但尚可支撑一时。

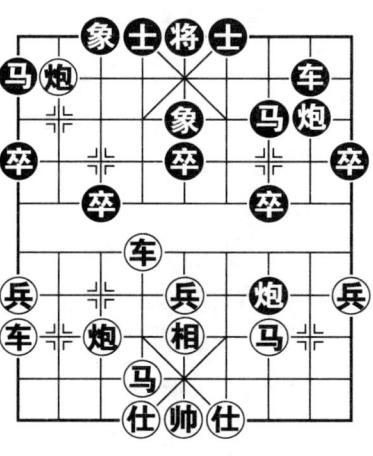

图 35-2

16. 车六进四

车送虎口，一锤定音！因无法解救重炮绝杀，黑方只得竖起降旗。如接走士4进5，则炮七进七后，黑方仍无解。

63

36. 弃车砍炮胜——金松对陈启明

1996年10月1日在沈阳市中山公园，"盛京灯具城杯"象棋大师赛出现了一盘精彩对局。开局未几，黑方双炮一马一车冲越河界，已然反先。中局以后，黑方集重兵于一侧，大有"山雨欲来风满楼"之势。红方虽竭尽全力护守，最终难免一败。仅弈至第21回合，黑方即以干脆利落的着法获胜，使当场数百棋迷大饱眼福。

1. 炮二平五　马8进7　　2. 马二进三　马2进3
3. 车一平二　车9平8　　4. 兵七进一　卒7进1
5. 车二进六　车1进1　　6. 马八进七　车1平4
7. 炮八平九　炮2进4　　8. 兵三进一　卒7进1
9. 车二平三　炮8进4　　10. 车三退二　炮8平7
11. 相三进一　马7进6
12. 兵五进一　象7进5
13. 车九平八　车4进5
14. 马七进八　马6进4
15. 兵七进一　（图36-1）

如图36-1形势，红方进兵欠妥，如改走车八进二，尚可周旋。

15. ………　　车4进2
16. 车八进二　炮7平3
17. 兵七进一　车4平3
18. 炮五平七　车8进8

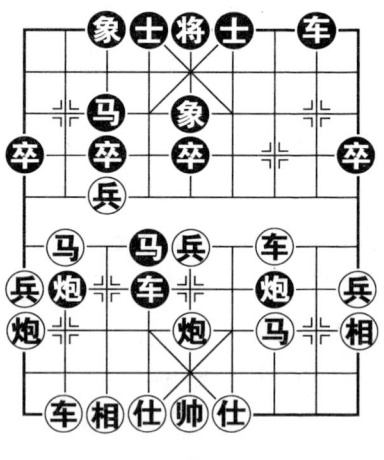

图36-1

19. 马八进六　车8平4
20. 马六进八　士4进5
21. 相一退三（图36-2）

红方退相，防黑马进中路。如改走马八进七，则将5平4，炮七平六，马4进5，黑方胜势。如图36-2局面，双方强子俱在，仕相（士象）皆全，在临近尾声出现如此局面十分难得。

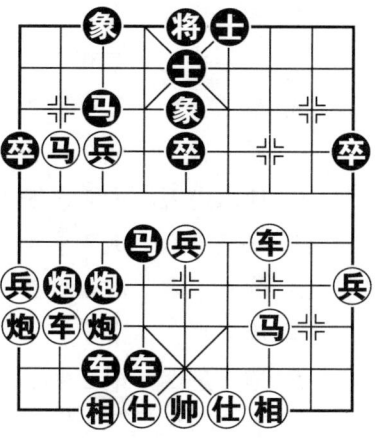

图 36-2

21. ………　车3退1

弃车砍炮，成绝杀之势，黑方胜。以下红方如接走炮九平七，则炮3进3，仕六进五，马4进3，车八平七，炮2进3杀。

此局奇特之处：一是整局双方均未照将，二是最后一着之前盘面上只损失一兵二卒，三是结局时全盘大子仅损一红炮。

37. 连续进兵卒——金波对郑乃东

1996年10月26日在浙江省宁波市全国个人赛场上，火车头队金波执红棋对农协队郑乃东这盘棋十分别致。开始以炮战交火，然后又变成一场步兵战。双方在中局阶段5个半回合中，同一个兵卒连续横冲直撞，而目的皆为谋吃对方的马，结果都如愿以偿。由于金波挺兵在先，郑乃东进卒随后，一着之差致使红方捷足先登。

1. 炮二平五　炮8平5
2. 马二进三　马8进7
3. 车一平二　车9进1
4. 马八进七　卒3进1
5. 车二进五　车9平3
6. 相七进九　马2进1
7. 兵三进一　炮2进2
8. 车二进一　炮2退1
9. 仕六进五　士4进5
10. 马三进四　炮5平3
11. 马四进六　炮3平4
12. 炮八退二　象3进5
13. 炮八平六　炮4平2
14. 炮五平三　卒1进1
15. 炮三进四　炮2平7
16. 车二平三　马1进2

（图37-1）

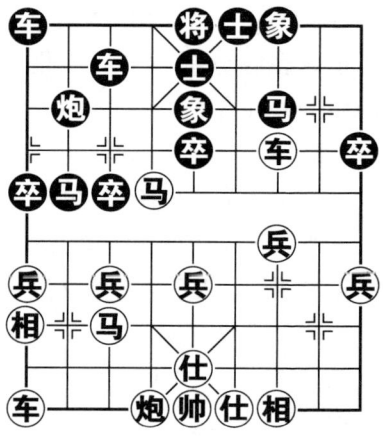

图 37-1

红车压马，黑马跃出，皆为挺进兵卒创造条件。如图 37-1 形势，以下 5 个回合"你打你的，我打我的"，双方各自进兵卒欺马。由于黑方左翼防卫薄弱，右翼难成攻势，红方趁势步步紧逼，终成胜局。

17. 兵三进一　卒1进1
18. 兵三平二　卒1进1
19. 兵二进一　卒1平2
20. 兵二进一　卒2进1
21. 兵二平三　卒2平3
22. 兵三进一　马2退3
23. 车九平八　马3进4
24. 车八进七　马4进6
25. 车三退二　马6进4
26. 仕五进六　马4进5
27. 车三退二　士5退4
28. 兵五进一　马5退3
29. 车八平六　卒5进1
30. 车六退一　马3进1
31. 兵五进一　马1进2
32. 仕四进五　卒3平4

33. 帅五平四　士4进5
34. 兵三平四　士5进6
35. 兵四进一　将5平6
36. 车六平四（图37-2）

如图37-2形势，黑方1路车原位未动即认输。本局中局阶段，红方三路兵竟然一口气地走动六步，同时黑方1路卒也连续走动五步，你说奇也不奇！

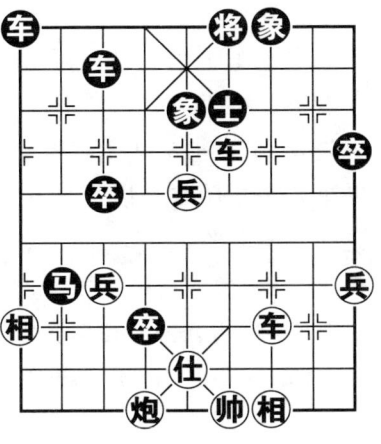

图37-2

38. 车马停原位——陈信安对胡荣华

1997年初夏，全国团体赛在上海举行。5月6日首轮之战中，云南陈信安执红棋对上海胡荣华爆出冷门，震动赛场。中局时犬牙交错，双方拼斗激烈。黑方打破常规，在求变中不慎一步错着，红方乘机扩大先手，在第24回合即取胜。

1. 炮二平五　马8进7　　2. 马二进三　车9平8
3. 车一平二　马2进3　　4. 兵七进一　卒7进1
5. 车二进六　炮8平9　　6. 车二平三　炮9退1
7. 兵五进一　士4进5　　8. 兵五进一　炮9平7
9. 车三平四　卒7进1　　10. 马三进五　卒7进1
11. 马五进六　车8进8　　12. 马六进七　卒7平6
13. 炮五进四　象3进5　　14. 相七进五　车8平2

（图38-1）

黑方平车压马欠妥，致使红方进车士角捉马，再退车杀卒，扩大了先手。此时应先走马7进5兑掉红炮，再车8平2压马，以下马八进六，车1平4，车四退三，车4进8，黑方足可抗衡。

15. 车四进一　马7进8
16. 车四退四　炮7进1
17. 车四进二　炮2进2

黑方升炮逐车是败着。应改走炮7平3，尚可应付。

18. 兵七进一　马8进7
19. 车四进二　炮2平5
20. 仕四进五　炮7进2

如改走炮7进7打相，则炮八进三，炮5进1，车四退四(若帅五平四，马7进8，帅四进一，炮7平6，黑方尚可抵抗)，炮7平4，马八进六，车2平4，车四平三，红方多子占优。

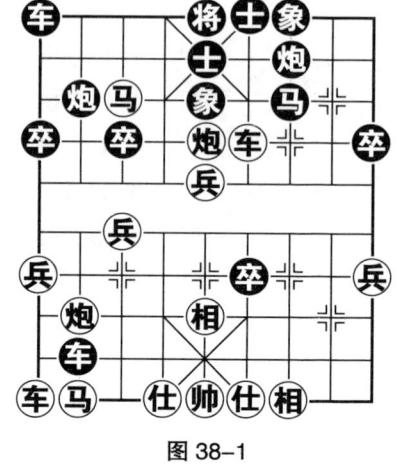

图 38-1

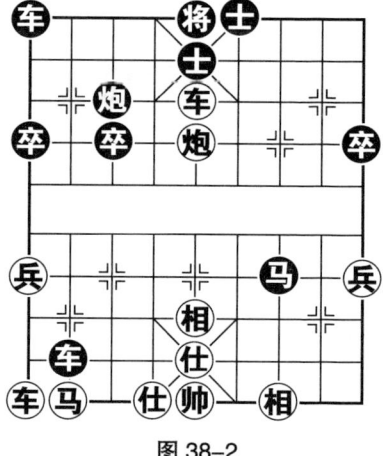

图 38-2

21. 炮八进三　炮7平3
22. 炮八平五　炮3退2
23. 后炮进二　象7进5
24. 车四平五（图38-2）

如图38-2形势，黑方见大势已去，认负。本局奇特之处在于，终局时红方一车一马、黑方一车皆在原位未动，这在大赛中大师级的对局中，是极为罕见的。

39.超短妙手杀——洪云对吴奕

1997年上海全国团体赛中，女子组出现一盘超级短局，弈于5月7日第2轮，由汉阳洪云执红棋对邮电吴奕。开局后，黑方有意走成"弃马局"诱敌，红方吃马后，由于应变失策，被黑方妙手成杀，全局仅13回合。

1. 炮二平五　马8进7　　2. 马二进三　车9平8
3. 车一平二　马2进3　　4. 兵七进一　卒7进1
5. 车二进六　士4进5　　6. 马八进七　象3进5
7. 车二平三　炮8进6

黑方伸炮下二路，布下弃马陷车阵势，着法别致。黑方常见走炮2进4，则兵三进一或兵五进一，另有变化。

8. 车九进一

起横车，不如马七进六较有变化。

8. ………　　车1平4

（图39-1）

9. 车三进一

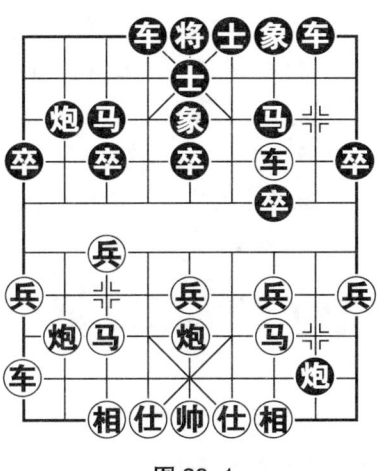

图39-1

如图39-1形势，黑方舍马诱敌。面对弃马，红方接受挑战。如改走车九平四，则车8进2，车四进三，车4进6，黑方优势。

9. ………… 炮8平2

平炮右翼，是弃马后的必然续着。

10. 车三进一

进车空着，毫无意义。

10. ………… 车8进8

11. 车三平四

应改走马三退五，尚可应战。

11. ………… 车8平3

12. 炮八平九

败着！应改走仕四进五弃回一马，则车3退1，黑方优势，红方不至于速败。

12. ………… 车4进9

黑方弃车杀仕，石破天惊！

13. 帅五平六　前炮进1（图39-2）

如此超短妙杀，奇特无比。

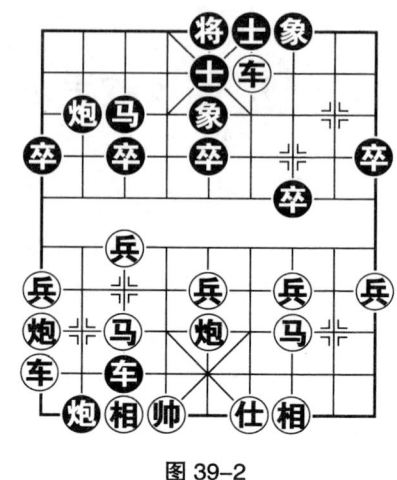

图39-2

40．开局空头炮——丁传华对郑一泓

1998年3月昆明全国团体赛男子乙组第五轮，上海纺织丁传华执红棋对厦门郑一泓，走出的局面令人难以置信。在弈完3回合时，双方底线子力均未动，局面呈现空头炮，稀奇！第9回合黑方弃车砍炮，迫使红帅升顶，随后攻势猛烈，仅15回合即获胜，精彩！

1. 兵七进一　卒7进1　　2. 炮二平三　炮8平5

3. 兵三进一　炮5进4

红方冲三路兵，劣着；黑方炮轰中兵，当仁不让。

4. 兵三进一　炮2进2

（图40-1）

此时红方继续挺兵，即将炮轰底象照将抽车。黑方视而不见，右炮巡河要杀。一场激烈的对攻战由此打响。

5. 炮三进七　将5进1
6. 帅五进一　车9进2
7. 马二进三　炮2平5
8. 帅五平四　车9平6
9. 炮八平四　车6进5
10. 帅四进一　车1进2
11. 兵三平四　车1平6
12. 炮三退五　车6进2
13. 炮三平四　前炮平7
14. 帅四平五　车6进1
15. 马八进七　将5平4

（图40-2）

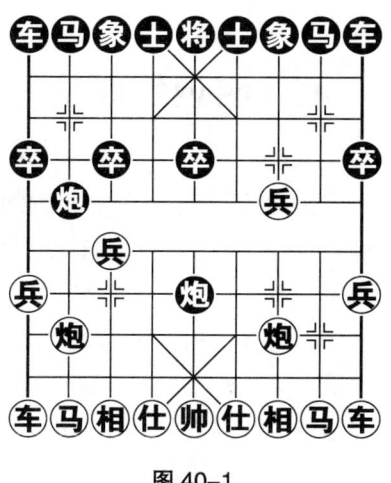

图 40-1

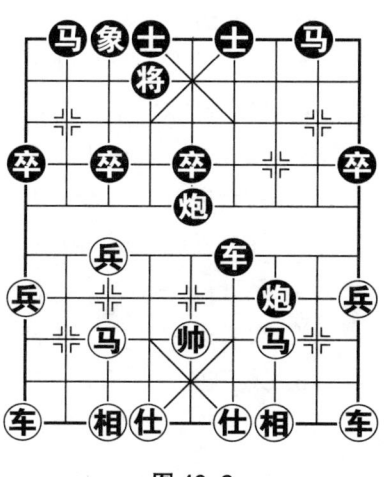

图 40-2

如图40-2形势，黑方出将助攻，夹车炮要杀。红方无解，投子认输。

此局黑方双马双士象、红方双车双仕相均未走动，真是罕见。

41. 四炮停原位——赵国荣对赵汝权

1998年8月，在中国沈阳市举办了"商业城杯"亚洲象棋冠军赛。参加比赛的有印度尼西亚、菲律宾、日本、越南、马来西亚、中国及港、澳、台9个国家和地区的国际特级大师和大师。获得前三名的是中国金松、香港地区赵汝权、中国赵国荣。第二轮，中国赵国荣执红棋与多次获得香港冠军的赵汝权相遇。开局大打散手，中局行棋工稳，结局握手言和。全局虽无波澜，结尾却忒奇特。

1. 兵七进一　象3进5　　2. 马八进七　马8进7
3. 兵三进一　车9进1　　4. 马二进三　马2进4
5. 相七进五　卒3进1　　6. 兵七进一　车1平3
7. 马七进六　车3进4　　8. 车九平七　车3进5
9. 相五退七　马4进6　　10. 相三进五　卒7进1
11. 马六进五　马6进5
12. 马三进四　卒7进1
13. 兵五进一　卒7平6
14. 兵五进一　马7进5
15. 兵五进一　车9平7
16. 车一平三　车7进8
17. 相五退三（图41）

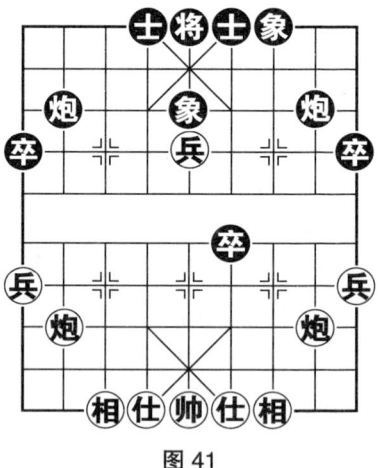

图41

如图41形势，已成正和。双方四门大炮，始终未曾一动，隔河相望，十分对称。如此局面，别致有趣。

42. 男子双打赛——刘文哲、徐家亮对朱洪宾、杨克廉

1962年盛夏，北京名手刘文哲和徐家亮应邀弈访开封。7月22日与开封名手朱洪宾、杨克廉进行的一盘双打比赛很是奇特。比赛采用不协商制，每组每人依次轮流走棋，不得相互研究，恰似乒乓球双打一样，选手交错进行动作。这种比赛需要每人动子时必须体会另一同伴的意图，比商议制双打赛或单人赛困难。本局行棋的次序是：刘文哲—朱洪宾—徐家亮—杨克廉。逢单数的回合，走子的是刘文哲与朱洪宾，逢双数的回合，则由徐家亮与杨克廉行棋。这盘棋北京棋手相互理解，协调有序，以精彩的弃车成杀结束战斗。

1. 炮二平五　马8进7
2. 马二进三　卒7进1
3. 马八进七　马2进3
4. 兵七进一　象3进5
5. 车一平二　车9平8
6. 炮八进二　炮2退1
7. 兵三进一　炮8进2
8. 兵三进一　炮2平8
9. 车二进五　马7进8
10. 兵三平二　炮8平7
11. 马三进四　炮7进4
12. 炮五平六　（图42-1）

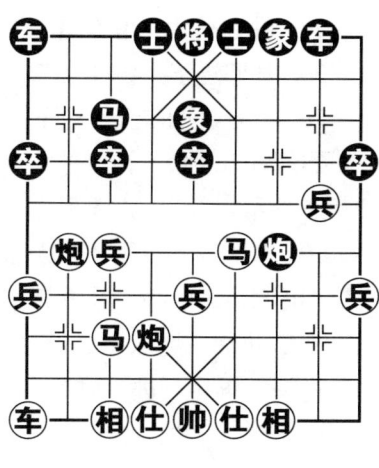

图 42-1

如图 42-1 形势，黑方应走车 8 进 4 吃兵，黑方如接走相七进五，则卒 3 进 1，相五进三，卒 3 进 1，相三退五，车 8 平 3。黑方虽弃一马，但 3 路卒过河，并且车马均活跃，局势发展对黑方有利。

12. ………… 车 1 平 2

开出右车，与上一着进炮骑河不相呼应，实为错失良机。

13. 相七进五　炮 7 退 3　　14. 炮六退一　车 8 进 1
15. 炮六平八　车 2 平 1　　16. 仕六进五　车 8 平 4
17. 马七进六　卒 3 进 1
18. 车九平七　卒 1 进 1
19. 马六进四　炮 7 平 6
20. 马四进二　士 4 进 5
21. 马二进三　将 5 平 4
22. 后炮进一　卒 3 进 1
23. 车七进四　车 4 平 3
24. 后炮平六　炮 6 退 1
25. 马四进三　将 4 平 5
26. 马三进四　士 5 进 6
27. 马四退六　将 5 进 1
28. 兵二平三　将 5 平 6
29. 车七进三　（图 42-2）

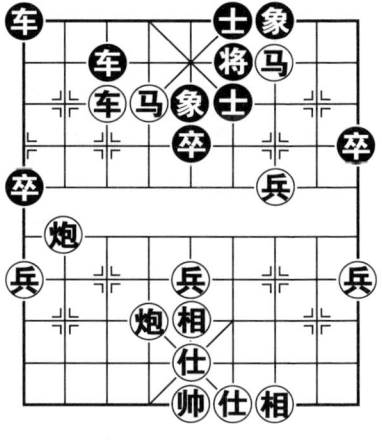

图 42-2

如图 42-2 形势，红方弃车，黑方认输。以下的必然着法是：车 3 进 1，炮八平二，士 6 退 5，炮二进四，将 6 进 1，兵三进一，再兵三进一或兵三平四成杀。

43. 混合双打赛——竺士菊、陈耀智对顾玉凤、宋义山

象棋也可以男女混合双打赛,1964年1月7日晚,在上海市虹口区工人俱乐部就举行了这样一场别开生面的象棋男女混合双打赛。四名男女棋手分成两组对阵交锋,以著名老将宋义山和三次获得上海市女子象棋冠军的顾玉凤为一组,后起之秀陈耀智和上海市女子象棋亚军竺士菊为另一组。比赛规则男女交错行棋,每人依次轮流走一步棋,不得相互协商。本局行棋的次序是:竺士菊—顾玉凤—陈耀智—宋义山。逢单数的回合,走子的是竺士菊与顾玉凤,逢双数的回合,则由陈耀智与宋义山行棋。这局棋竺陈一组先行,中局阶段弃子抢攻,掀起战斗高超。双方紧张搏斗,赢得数百位棋艺爱好者的赞赏。经过近3小时激战,竺陈一组以车马炮三子归边的优势取得胜利。如此混合双打,比之上一局男子双打更显得稀奇有趣。

1. 炮二平五	炮8平5	2. 车一进一	马8进7
3. 车一平六	车9平8	4. 马二进三	马2进1
5. 兵九进一	车8进6	6. 马八进九	车8平7
7. 车六进六	炮2进2	8. 车六退二	车7退1
9. 车六进三	士6进5	10. 车九进一	车7进2
11. 车九平四	炮2平7	12. 马九进八	炮7进3
13. 炮八平三	炮5进4	14. 仕六进五	车7进1

(图43-1)

黑车吃炮虽得子，但有后患，实不及车1平2捉马，出动右翼子力比较有力。

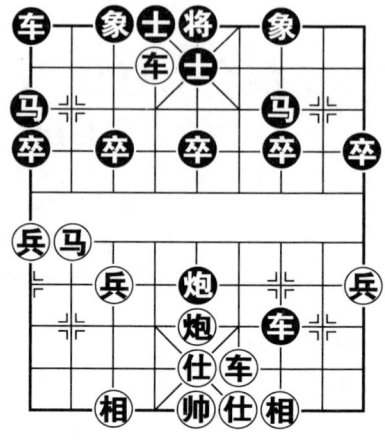

图43-1

15. 马八进六	炮5平7		
16. 相三进一	车7平9		
17. 车四平三	车9退1		
18. 马六进四	马7退9		
19. 帅五平六	象7进5		
20. 车六退五	马9进8		
21. 车三进二	车9平7		
22. 车六平三	卒7进1		
23. 车三进二	马8退6		
24. 炮五平二	象5退7		
25. 车三进二	车1进1	26. 炮二进七	象7进9
27. 车三进二	士5退6	28. 车三退一	士6进5
29. 马四进二	车1平4	30. 帅六平五	车4进1
31. 车三平四	马6退8	32. 车四平二	车4平7
33. 炮二平一	象9进7	34. 车二进一	士5退6
35. 炮一平四	卒3进1	36. 炮四退七	将5进1
37. 炮四平五	象3进5	38. 马二进三	将5平6
39. 车二退一	将6退1	40. 马三退一	车7进1
41. 车二进一	将6进1	42. 车二平六	卒5进1
43. 车六退五	马1进3	44. 帅五平六	将6平5
45. 车六平四	车7平4	46. 帅六平五	车4平7
47. 车四进三	将5平4	48. 车四进一	将4退1
49. 炮五平九	卒5进1	50. 炮九平二	象7退9
51. 炮二进七	车7平8	52. 炮二平一	卒5进1

53. 马一退三　马3进5

54. 车四平九　象5退3

55. 车九平五（图43-2）

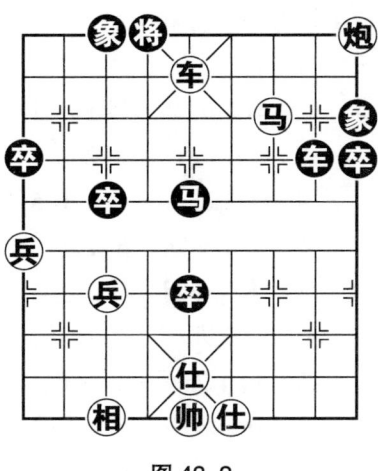

如图43-2形势，黑方感到逃马后难以挽救败局，于是认输。此时黑方如走：一、马5进6，则仕五进四，卒5平4，马三进四，车8退3，车五平六杀，红方胜；二、马5进7，则马三进二，象9退7，车五平三，象3进5，马二退三，象7进9（若车8退3，车三平一捉死车），车三进一，将4进1，马三进四，将4进1，车三退一，红方胜。

图43-2

44. 两盘近似局——林弈仙对冯敬如与李来群对柳大华

有这样的两盘残局，同样的子力，类似的局势，结局同样是车炮胜单车仕相全（士象全），但前后却相隔半个世纪，你说奇也不奇？

第一局，见于1930年10月在香港青年会举行的华东、华南象棋大比赛（以"七省棋王"的周德裕和"无敌中炮"林弈仙为一方代表华东，广州"四大天王"中李庆全和冯敬如为另一方代表华南），由冯敬如执先对林弈仙。开局后互有攻守，彼来此往，未见优劣。残局时，林弈仙仅多一边卒，后来演变成车炮胜单车仕相全。

1. 炮二平五　马8进7　　2. 马二进三　车9平8
3. 马八进九　卒1进1　　4. 车一平二　炮8进4
5. 兵三进一　马2进3　　6. 马三进四　炮8退2
7. 马四进六　马3退5　　8. 车九进一　卒3进1
9. 车九平四　车1进3　　10. 炮八平六　卒7进1
11. 马六进四　马5进6　　12. 车四进五　卒7进1
13. 相三进一

如改走车四平三，则炮8平7，演变下去，红方不利。

13. ………　　车1平4　　14. 仕六进五　炮8进2
15. 车四平三　炮8平7　　16. 车二进九　炮7退3
17. 车二退三　炮7进1　　18. 相一进三　车4进2
19. 相三退一　象3进5　　20. 炮五进四　马7进5
21. 车二平五　炮2退1　　22. 炮六平八　炮7退3
23. 车五退二　车4进3　　24. 炮八进四　炮7平5
25. 炮八平五　炮5进2
26. 车五进二　炮2平5
27. 车五平一　炮5进5
28. 仕五进四　车4退1
29. 车一平五　炮5平1
30. 车五退四　车4退2
31. 兵一进一　车4平9
32. 仕四退五　卒1进1
33. 车五平八　车9进1
34. 车八平七　炮1平2
35. 相一退三　卒1进1

(图44-1)

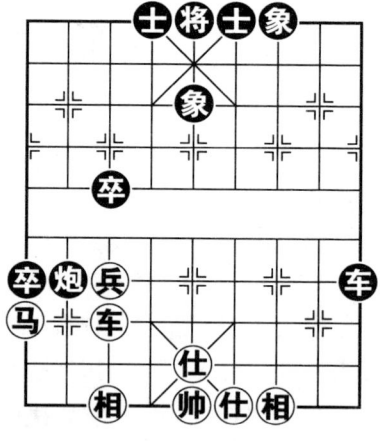

图 44-1

36. 兵七进一

面对黑卒捉马,红方误以为一车之力可以抵御车炮,结果挺兵换卒,乃失策之着。应改走马九退八,当不致负。

36. ………… 卒1进1　37. 相七进九　车9平7

38. 相三进五

如改走相三进一,则卒3进1,车七进二,车7进1,红方必得一相胜。

38. ………… 车7进1
39. 兵七进一　炮2平8
40. 帅五平六

如改走车七平六,则车7平5(若炮8进3,相五退三,车7进2,车七平二,炮8平9,车二平一,红车跟炮,和棋),帅五平六,车5退4,车六进七,将5进1,兵七平六,红方留兵而失相,也难成和。

40. ………… 炮8进3
41. 帅六进一　象5进3
(图44-2)

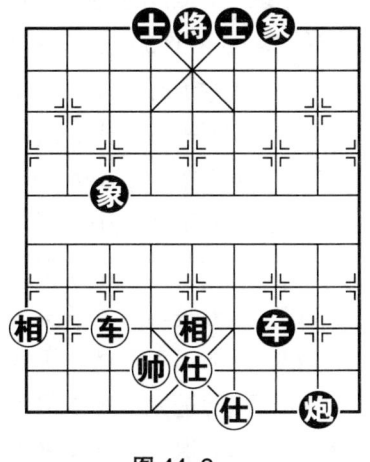

图44-2

如图44-2形势,红方单车仕相全对车炮士象全,但因仕相位置欠佳,不能守和。

42. 车七平六　士6进5　43. 相五进七　车7退1
44. 车六平二　炮8平9　45. 车二退二　车7平4
46. 仕五进六　炮9退2　47. 车二平一　炮9平6
48. 车一进二　炮6退5　49. 车一进四　炮6平4

50. 仕四进五　士5进6　　51. 车一平五　士4进5
52. 车五平八　炮4退2　　53. 仕五进四

如改走车八进三，则车4平2，车八平六，将5平4，仕五进四，车2进1，仕四退五，车2进1，帅六退一，车2平5，黑方胜。

53. ………　车4平6　　54. 仕六退五　士5进4
55. 仕五进六　车6进1　　56. 车八平五　士4退5

应改走将5平6，则车五退四（若帅六平五，士6退5，伏打车破仕，黑方速胜），士4退5，仕六退五，车6进1，帅六退一，炮4平5破仕，黑方胜定。

57. 仕六退五　车6退1　　58. 帅六退一　将5平6
59. 车五平三　士5进4　　60. 帅六平五　车6平5
61. 车三平四　将6平5　　62. 车四进一　车5进2
63. 帅五平四　士4退5　　64. 车四退五　车5退2
65. 车四平五　车5平6　　66. 帅四平五　象3退5
67. 车五进四　士5进4
68. 相七退五　将5平6
69. 相七进九　车6退1
70. 车五退一　炮4平5
71. 车五平六　象5退3
72. 相五退七　车6平5
73. 帅五平六　炮5平4

（图44-3）

如图44-3形势，红方失车，黑方胜。

第二局如图44-4形势，见于1982年武汉全国团体

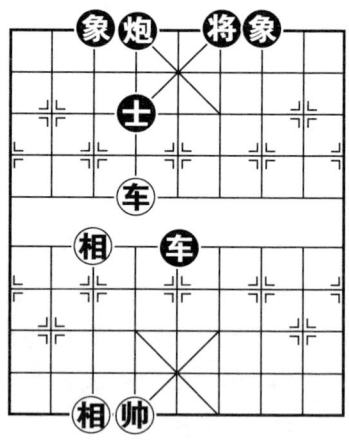

图44-3

赛，系河北李来群执红棋对湖北柳大华弈完126回合时形成。车炮仕相全对单车士象全，子力位置竟与半个世纪前的林弈仙与冯敬如之战局面相似。红方如何取胜，且看实战着法：

127. 相三进五

飞相有禁车的妙用，是获胜关键之着。如改走相三退五，则车5平9，炮四退二，车9进3，以后黑车跟炮拼兑，可成为士象全守和单车的结局。

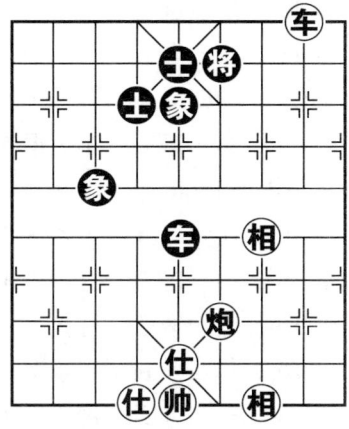

图 44-4

127. ………	车5平4	128. 炮四退二	车4进3
129. 车二退八	车4退2	130. 车二进六	车4进2
131. 炮四进一	车4退5	132. 仕五进四	士5进6
133. 车二平四	将6平5	134. 车四进一	将5退1
135. 车四进一	将5进1	136. 炮四平七	车4进3
137. 仕六进五	车4平3	138. 炮七平六	车3平2
139. 仕五进六	车2进3	140. 炮六退一	车2退7
141. 仕四退五	将5平4	142. 仕五进四	车2平1
143. 车四退四	将4退1	144. 车四进四	将4进1
145. 仕六退五	将4平5	146. 车四平六	车1平2
147. 仕五进六	车2平3	148. 相五进七	象3退1
149. 帅五平四	象1进3	150. 炮六平五	将5平6
151. 车六退一	将6退1	152. 炮五平六	车3平2

153. 炮六进七　车2进7　　154. 帅四进一　车2平7
155. 相七退五　车7退2　　156. 仕六退五　车7进1
157. 帅四退一　车7平5　　158. 炮六退五　车5平8
159. 车六退三　车8退5　　160. 车六平四　将6平5
161. 相五退三　车8平4
162. 仕四退五　车4进2
163. 相三进一　将5进1
164. 炮六平五　将5平4
165. 帅四平五　将4退1
166. 车四进四　将4进1
167. 车四平五（图44-5）

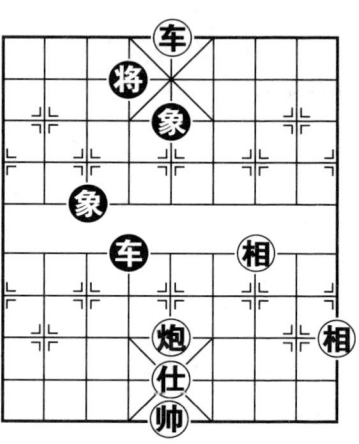

图 44-5

如图 44-5 形势，黑方认负。如接走车 4 平 5，则炮五平六，象 3 退 1，炮六退二，象 1 进 3，相一退三，象 3 退 1，相三进五，再支仕胜。

45. 怪杰出怪招——刘忆慈对沈志弈与沈志弈对何顺安

温州棋坛宿将沈志弈，着法多隽妙，变化难揣测，故有"棋坛怪杰"之称。参加全国个人赛 1957 年获得第七名，1958 年获得第十二名，后来被授予象棋大师称号。沈志弈在两次全国赛中，均走出"怪着"弈出奇局，在棋坛留下佳话。

第一局，见于 1957 年 10 月 31 日在上海进行的全国个人赛上，沈志弈执黑棋与浙江名手刘忆慈对阵。当红方车马兵围城时，黑方以车炮双士防守。关键时刻，沈志弈弃车换兵，最后以一炮双士，弈和一车一马。

1. 兵七进一　炮2平3　　2. 马二进三　卒3进1
3. 马八进九　卒3进1　　4. 炮八平五　马8进7
5. 炮二进二　炮8进2　　6. 兵五进一　象3进5
7. 炮二平七　炮8平3　　8. 马三进五　车9平8
9. 炮七平九　马2进1　　10. 兵五进一　卒5进1
11. 马五进三　车8进4　　12. 马三进四　前炮退1
13. 车九平八　车8退3
14. 马四进六　车8平4
15. 马六退五　前炮平5
16. 炮五进四　马7进5
17. 炮九平五　车4进2
18. 车八进七　士4进5
19. 相三进五　炮3进2
20. 仕四进五　车4进1
21. 马五进三　马5进7
22. 炮五平三　炮3退3
23. 车一平四　卒1进1
24. 炮三平二　车4退1
25. 马三进五（图45-1）

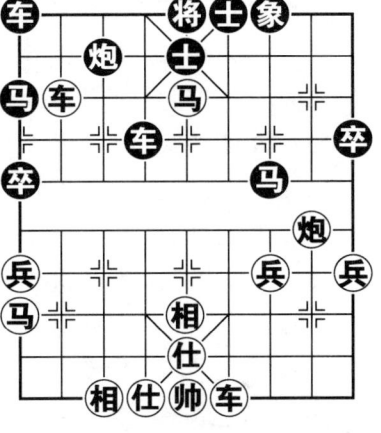

图 45-1

红方弃马砍象，突然发难展开猛攻。以下黑方临危不惧，着着应对正确。双方输攻墨守，针锋相对。

25. …………　象7进5　　26. 炮二进五　象5退7
27. 车八平五　炮3退1　　28. 车四进八　车1进1
29. 车五平三　车4平8　　30. 车三进二　车8退3
31. 车三平二　马7退6　　32. 车四平三　马1进3

33. 车三退二　马 6 进 5　　34. 车三平五　卒 1 进 1
35. 兵九进一　车 1 进 4　　36. 车二退三　马 5 进 6
37. 车二平四　马 3 进 5　　38. 车四退一　车 1 进 1
39. 帅五平四　马 6 退 4　　40. 车四平五　马 4 退 5
41. 车五进一　车 1 平 7　　42. 车五平一　炮 3 平 4
43. 兵一进一　车 7 平 9　　44. 马九进八　车 9 进 3
45. 帅四进一　炮 4 进 8　　46. 仕五进四　车 9 退 1
47. 帅四退一　车 9 退 2　　48. 马八进六　车 9 平 4
49. 马六进八　炮 4 平 9　　50. 车一平四　车 4 进 3
51. 帅四进一　炮 9 平 8　　52. 兵一进一　炮 8 退 6
53. 兵一平二　炮 8 平 6　　54. 帅四平五　炮 6 平 5
55. 相五进七　车 4 退 3　　56. 马八进七　将 5 平 4
57. 车四平七　车 4 退 5　　58. 马七退九　将 4 平 5
59. 车七进三　士 5 退 4
60. 车七退二　炮 5 退 1
61. 兵二平三　车 4 进 5
62. 马九进七　车 4 退 5
63. 兵三平四　炮 5 进 5
64. 车七退一　炮 5 退 4
65. 相七进九　士 4 进 5
66. 兵四进一　炮 5 平 4
67. 兵四平五　士 5 退 4
68. 兵五进一　炮 5 平 9
69. 马七退六　炮 9 退 5
70. 兵五进一　（图 45-2）

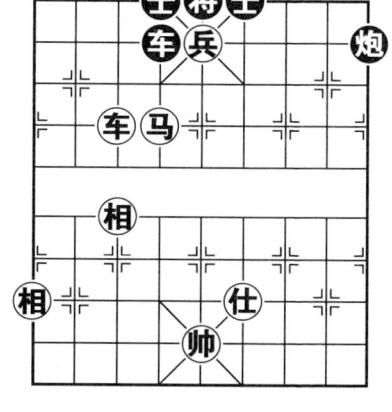

图 45-2

如图 45-2 形势，红方冲兵，对黑方是考验。以下黑方如接走：一、士 6 进 5，则马六进四，将 5 平 6（若炮 9 平 6，车七平一再进三杀），马四进二，将 6 平 5，车七平三再进三杀；二、士 4 进 5，则马六进四，炮 9 平 6，马四进六，炮 6 平 4，车七进三，炮 4 退 1，帅五进一，黑方欠行，红方胜。实战中黑方弈出弃车杀卒之妙着，力挽狂澜。

70. ……… 车 4 平 5　71. 马六进五　炮 9 进 5

红方马踏车后被黑方士将所困而动弹不得，纵然多一车，却也对黑方炮双士奈何不得，最终只好罢战作和。这盘棋黑方弈得有声有色，令人兴味无穷，赞赏不已，刘忆慈事后说："我下了几十年的棋，生平还是第一次看见这样的妙手呢！"

第二局，见于 1958 年 12 月 6 日在广州的全国个人赛上，沈志弈执红棋与上海名手何顺安对阵。中残局时红方形势十分不利，竟然用双边相巧着守和。

1. 炮二平五　马 8 进 7　2. 马二进三　卒 7 进 1
3. 车一平二　炮 8 进 2　4. 炮五进四　马 7 进 5
5. 炮八平五　马 2 进 3　6. 车二进五　象 3 进 5
7. 车二退一　车 9 进 1　8. 马八进七　车 1 平 2
9. 车九平八　炮 2 进 4　10. 兵七进一　车 9 平 4
11. 兵五进一　马 5 进 4　12. 马七进六　车 4 进 4
13. 兵三进一　车 4 进 1　14. 兵三进一　车 4 平 7
15. 马三退五　炮 2 平 5　16. 车八进九　马 3 退 2
17. 兵三平四　马 2 进 4　18. 兵五进一　士 4 进 5
19. 兵一进一　车 7 平 6　20. 相七进九　马 4 进 2
21. 车二进二　车 6 退 1　22. 车二退三　车 6 平 5
23. 兵五平六　卒 3 进 1　24. 兵七进一　象 5 进 3
25. 车二进三　车 5 平 4　26. 兵四平五　马 2 进 1
27. 车二平八　象 3 退 5　28. 兵九进一　车 4 平 1
29. 车八退三　车 1 平 5　30. 车八平七　（图 45-3）

红方平车扼守要道,致使黑方车马炮三个大子皆无法动弹,颇有"吕布战三英"之势。

30. ………… 士5退4
31. 兵五平四 士6进5
32. 相三进一 将5平6
33. 相一退三 士5进6
34. 相三进一 士4进5
35. 相一退三 将6平5
36. 相三进一 将5平4
37. 兵六进一 士5退6
38. 相一退三 士6退5
39. 相三进一 将4平5
40. 相一退三 士5退4
41. 相三进一 士6进5
42. 相一退三 将5平6
43. 相三进一 象5退3
44. 相一退三 象7进5
45. 相三进一 象3进1
46. 相一退三 象1进3
47. 车七平六 象3退1
48. 车六平七 (图45-4)

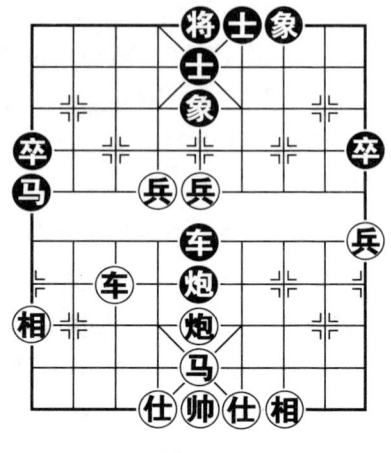

图45-3

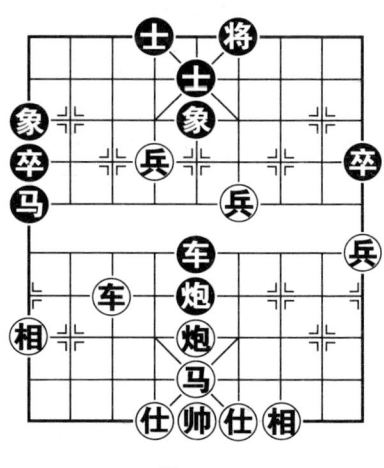

图45-4

如图45-4形势,黑方虽占优势,却无法取胜,只得以和棋告终。上海棋界名宿屠景明讲:"赛后,何顺安击节赞赏沈志弈之妙着怪招,名不虚传。"

上面两盘棋异曲同工,妙趣横生。"棋坛怪杰"棋艺风采,于此可见一斑。

46. 妙和如孪生——柳大华对于幼华与李望祥对孙志伟

1989年5月,全国象棋团体赛在安徽省泾县举行。5月4日第四轮浙鄂之战,出现了一盘难得一见的和棋,由湖北柳大华执红棋对浙江于幼华弈成。这盘棋在经历一番激烈的肉搏战之后,烽烟逐渐消散,呈现马四兵仕相全对车双卒双象的局面。又经过一番复杂的角斗,最后形成马双兵巧和车双卒奇特有趣的结局。

1. 炮二平四	马8进7	2. 兵三进一	车9平8
3. 马二进三	卒3进1	4. 车一平二	马2进3
5. 马八进七	车1进1	6. 相七进五	车1平6
7. 仕六进五	车6进5	8. 车九平六	车6平7
9. 车二进二	卒7进1	10. 炮八进一	卒7进1
11. 兵七进一	卒7平8	12. 车二进二	车7进1
13. 兵七进一	士4进5	14. 兵七进一	马3退4
15. 炮八平七	象3进1	16. 车六进五	炮8平9
17. 车二平八	炮2平6	18. 车八进五	炮6进2
19. 车八进四	车8进4	20. 炮七平六	炮6退3
21. 车六退一	马7进6	22. 车六进一	马6退7
23. 车六进一	马7进6	24. 炮六进六	马6退4
25. 炮六平四	士5退4	26. 炮四平六	将5进1
27. 兵七平六	炮6平7	28. 马七进六	车8平3
29. 兵六进一	车3进5	30. 仕五退六	车3退9
31. 车八退三	车7平6	32. 车八平五	将5平6

33. 仕四进五　车6退5　　34. 车五平三　炮9平7
35. 马六进五　将6平5　　36. 车三进一　车6平7
37. 马五进三　将5平6　　38. 炮六退一　炮7平4
39. 马三退五　将6进1　　40. 马五退三　将6退1
41. 兵六进一　车3进3
42. 兵五进一　象7进9
43. 马三退四　车3平4
44. 兵六平七　车4进3
45. 马四进二　车4平9
46. 兵五进一　车9平8
47. 马二进四　车8平1
48. 兵五进一（图46-1）
车1平6

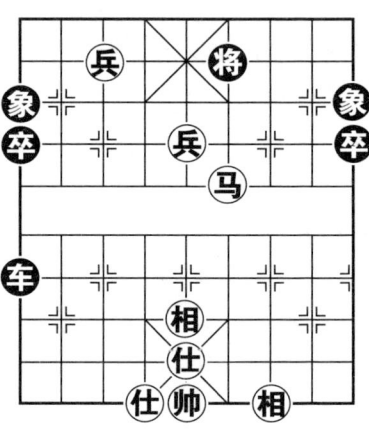

图 46-1

应改走车1平8，以下兵七平六，象9进7，黑方有惊无险，红方很难守和。

49. 马四退二　车6退4
50. 兵七平六　象1进3
51. 马二进三　车6平7
52. 兵五平四　象9进7
53. 仕五进六　卒1进1
54. 仕六进五　卒9进1
55. 帅五平六　卒1进1
56. 相五退七　卒1平2
57. 相七进五　卒9进1
58. 帅六平五　卒9平8
（图46-2）

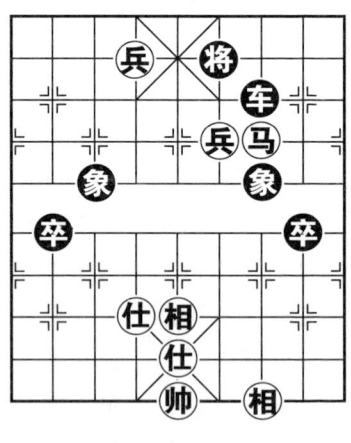

图 46-2

如图46-2形势，黑车被红马"焊死"，遥望过河卒爱莫能助，黑方二卒不可胜红方仕相全，因此形成巧和。余着从略。黑方如改走将6退1，则兵六平五，将成绝杀，红方可胜。本局红方利用黑车位置欠佳，马兵联手运作形成巧和，奇得令人设计都未必设计得出来。

然而，这样的巧和，并非绝无仅有，先此即有所见。

图46-3是1982年12月8日成都全国个人赛第四轮中，湖北18岁的新秀李望祥执红棋与黑龙江名手孙志伟弈完54回合的形势。红方以马炮兵双相对车卒士，展开了残局的勾心斗角。此时轮红方走子。

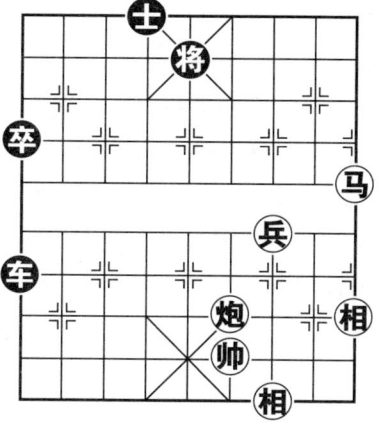

图46-3

55. 炮四平五　车1平7
56. 帅四平五　卒1进1
57. 马一进三　卒1进1
58. 马三退四　将5退1
59. 马四进六　将5进1
60. 马六退四　将5退1
61. 马四进五　将5平6
62. 兵三进一　卒1平2
63. 兵三平四　士4进5
64. 马五进七　卒2平3
65. 马七进五　卒3平4
66. 马五退三　将6平5
67. 马三退五　卒4平5
68. 马五进七　卒5平6
69. 兵四进一　车7进2
70. 帅五退一　车7平4
71. 马七退五　卒6平5
72. 马五进四　将5平6
73. 马四退三　车4平7
74. 马三进二　车7退7
75. 马二退一　卒5进1

76. 炮五退一　卒 5 平 6
77. 炮五平四　卒 6 进 1

不能走车 7 平 5，否则兵四平五，卒 6 平 5，马一进三，车 5 平 7，马三退四，将 6 平 5（若卒 5 平 6，马四进五双照，黑方丢车，红方胜），马四退五，黑方丢卒，红方胜。

78. 兵四进一　卒 6 进 1
79. 马一进三（图 46-4）

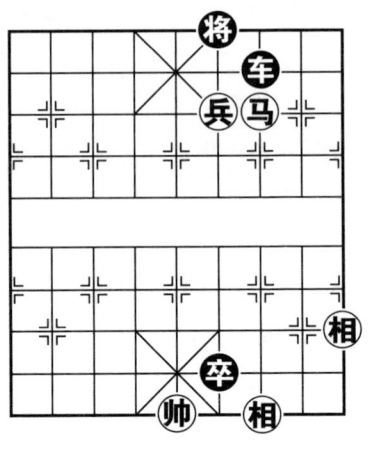

图 46-4

如图 46-4 形势，在激烈紧张的互斗中，红方以马兵黏住黑车构成和局。此局与柳于之局何其相似乃尔。两则对局，如出一辙，相互辉映，实在奇妙！

第二部分

天然排局

47. 顶顶炮局——那健庭对铁鼎九

图 47-1 系清代中期手抄流传的排局谱《焦竹斋象棋谱》（蜀蓉棋艺出版社 1990 年 3 月版丁章照、杨明忠诠注本）中"顶顶炮局"。这是一则对称型禁困局，它以数学为基础，计算单双步。红方着着进逼，以黑方被困毙而结局，颇具趣味。

着法，红先胜：

1. 炮三进二

红方进三路炮后，对顶炮的两条直线各留四格，是获胜的关键，以后对称行棋则必胜。

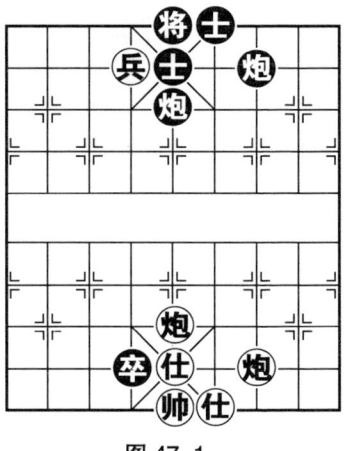

图 47-1

1. ………… 炮 5 进 2

如改走炮 7 进 4，则炮五进四，炮 7 平 5，炮三平五，炮 5 退 1，炮五进一，卒 4 平 3，帅五平六，红方亦胜。

2. 炮三进二　炮 7 进 1　　3. 炮五进一　炮 7 进 1
4. 炮五进一　炮 5 退 1　　5. 炮五进一　炮 7 退 1
6. 炮三进一　炮 7 退 1　　7. 炮三进一　炮 7 退 1
8. 炮三进一　炮 5 退 1　　9. 炮五进一　卒 4 平 3
10. 帅五平六（图 47-2）

黑方无法解救铁门栓杀，红胜。

图 47-3 是民国年间弈于沈阳的一个残局形势，由北京名

手那健庭执红棋对沈阳名手铁鼎九弈成，见诸北京体育大学出版社1995年2月版刘殿中、齐津安编著《残局妙手——起死回生的巧应妙对》。人民体育出版社1998年11月版徐清祥编著《象棋近代国手名局》亦有此局，称系1934年那健庭去沈阳比赛时弈成。此时轮红方行棋，粗看局面似成和棋，岂料那健庭审视再三突施冷手，结果获胜。实战着法如下：

1. 炮五平七

佳着！红方伏炮七进六，士4进5，兵六进一杀。

1. ………… 士4进5
2. 帅六平五

黑方苦思良久，无计可施，只好认负。因为以下的必然着法是：

2. ………… 炮7进4

如改走炮7平4吃兵，则炮七平三再进五闷杀。

3. 炮七平四　炮7退1

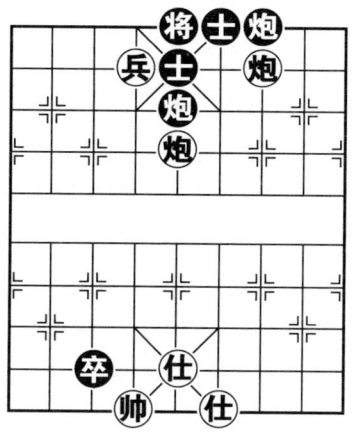

图 47-2

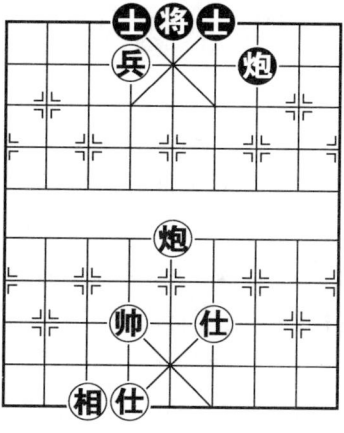

图 47-3

4. 炮四平三　炮7退1
5. 炮三进一　炮7退1
6. 炮三进一　炮7退1
7. 炮三进一　炮7退1
8. 炮三进一（图47-4）

黑方被困毙，红方胜。

这则实战对局与古谱排局"顶顶炮局"均系两炮顶牛，相映成趣。

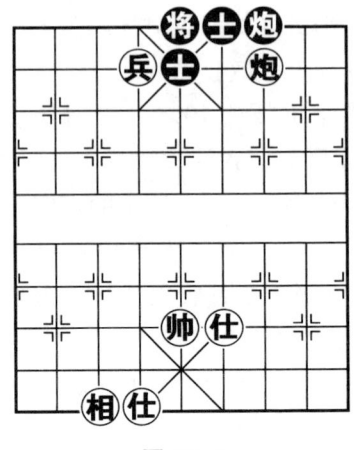

图 47-4

48. 底线突破——邵次明对窦国柱

图48-1系发表于《象棋》1962年第10期上的"棋局测验"，排拟者为江苏名手庞小予。红方首着底线弃车照将，犹如足球场上底线一脚倒钩射门，煞是好看！

着法，红先胜：

1. 车二平四　将6退1

如改走士5退6，则马四进五，车7平6，马五进六，将6进1，车四进四杀。

2. 马四进三　将6平5
3. 马六进七　马1退3
4. 炮七进三　象5退3

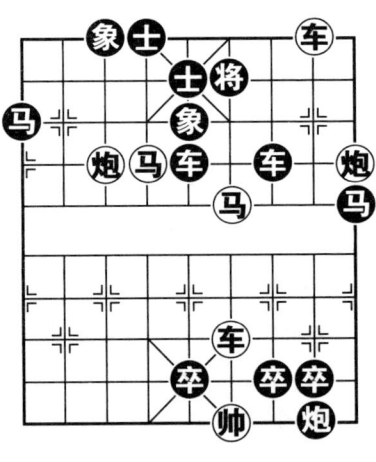

图 48-1

5. 车四进七　士5退6
6. 炮一进三　士6进5
7. 马三进四　车7退3
8. 马四退五　士5退6
9. 马五进三　将5进1
10. 炮一退一（图48-2）

红方自第5回合起，借马力弃车杀底士逼黑方退士，伸炮照将后再运马连将，最后以马后炮成杀。入局巧妙，令人神思。

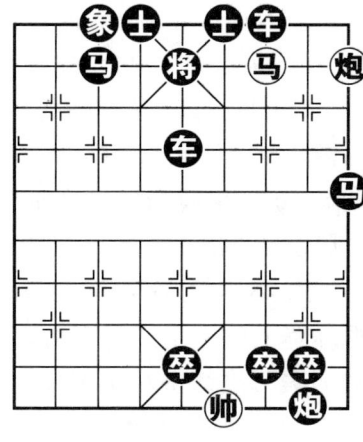

图 48-2

图 48-3 是庞小予在1961年间弈出的一盘中局形势，见诸人民体育出版社 1991 年 9 月版庞小予编著《象棋中局妙手》。双方子力基本相等，此时轮黑方行棋。黑方认为随时均可平车兑车，于是贪吃红方边炮，结果被红方弃车后马炮连杀。实战着法如下：

1. ……　　象3进1

应改走车7平6兑车，以后黑方虽然少象，但有卒过河，变化仍多。

2. 车四进一

红方弃车，以下成连将胜局，杀法精彩动人。

2. ……　　士5退6
3. 炮一进三　士6进5
4. 马三进四　车7退6

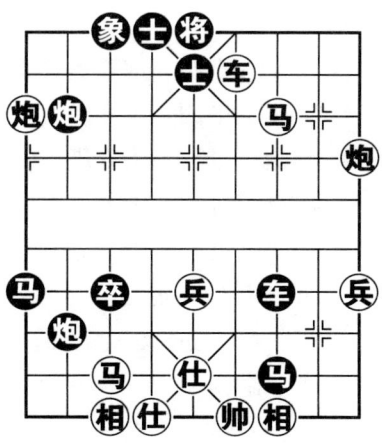

图 48-3

5. 马四退五　士5退6

6. 马五进三　将5进1　　7. 炮一退一

红方胜。红方弃车后炮鸣马嘶妙杀制胜，十分得趣。上面的棋局测验即以此为素材加工排拟而成。更有意思的是，此局竟与20多年前的一则实战对局十分巧合。

图48-4是青岛与上海埠际赛上的一个残局形势，由邵次明执红棋对窦国柱，1937年5月11日晚弈于上海八仙桥青年会，见诸青岛民言报社1948年版邵次明编著《象棋战略》。此时轮红方行棋，车入底线叫将，尔后大胆弃车，继以马炮协同作战，最终获胜。实战着法如下：

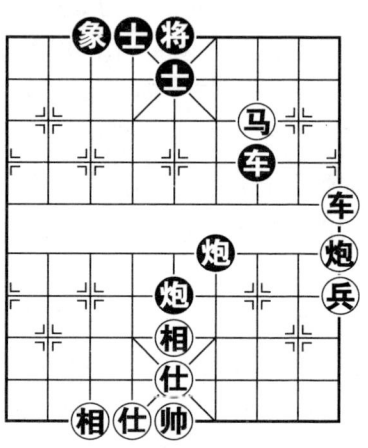

图48-4

1. 车一进四　炮6退5

2. 车一平四　士5退6

3. 炮一进五　士6进5

4. 马三进二　士5退6

5. 马二退一　士6进5

如改走车7退3，则马一进三，将5进1，炮一退一，红方胜。

6. 马一退三　炮5平6

7. 炮一退五　炮6退3

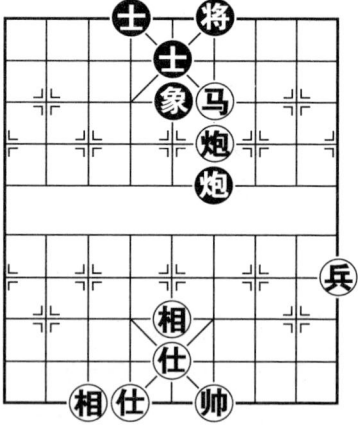

图48-5

8. 炮一平五　象3进5　　9. 马三进二　炮6进1
10. 炮五进二　炮6退1　11. 帅五平四　炮6进1
12. 马二退四　将5平6　13. 炮五平四（图48-5）
马后炮杀，红方胜。

本局前三回合，红方入局过程竟然与"棋局测验"局完全相同，可见排局与实战息息相通。

49．强弩射潮——李义庭对高琪

图49-1系20世纪20年代上海沈则勘排拟之"强弩射潮"局，收入谢侠逊编校《象棋谱大全·象局集锦》（1927年上海中华书局出版）。该局布子严谨，着法紧凑。后段着法红方双炮连环打将，好似万千支箭直逼黑将。局名采用钱塘射潮的传说，十分贴切。鄞县冯友笙先生对此局评语："子胥冤死，没为潮神，年年八月，大显威灵。忽遇钱镠，万弩竞射。白马素车，尽行销灭。"

着法，红先胜：

1. 兵八平七　将4退1
2. 前兵进一　将4进1
3. 后兵进一　将4平5
4. 马二进三　炮7退4
5. 车二进六　炮8进2
6. 车四进六　士5进6
7. 炮一平五　车9平5
8. 后炮进二　车4平5
9. 后炮进二　马3进5

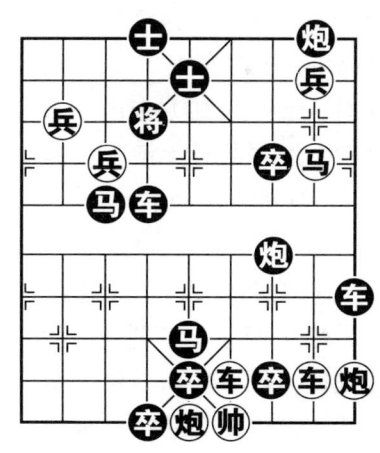

图 49-1

10. 后炮进二（图49-2）

红方连环炮成杀。

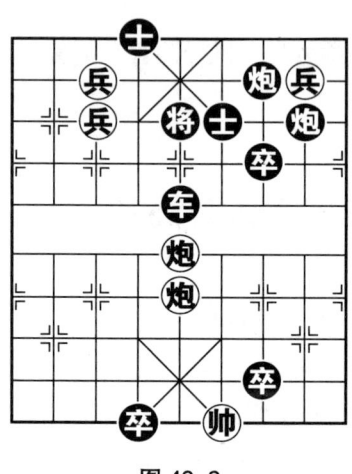

图49-2

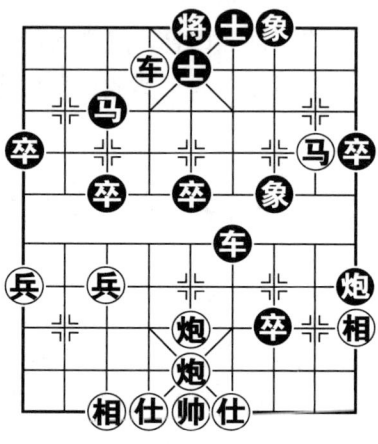

图49-3

图49-3是1957年3月24日武汉李义庭执红棋对嘉兴高琪在上海弈完23回合的局面，接下来红方走出一着棋后，黑方眼见无解，于是认负。实战着法如下：

24. 马二进三

此时黑方必走车6退4，则后炮进四，马3进5，后炮进四（图49-4），象7退5，后炮进二，红方胜。如此着法，恰与"强弩射潮"同出一轨。

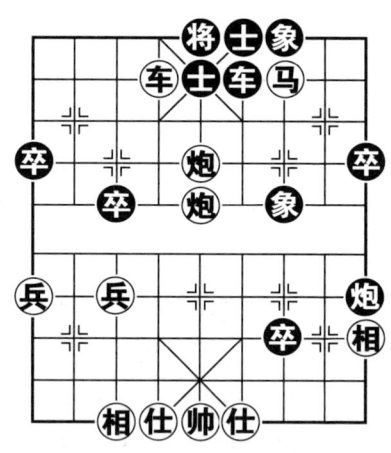

图49-4

附：如图49-3前对弈过程

1. 炮二平五　马8进7　　2. 马二进三　车9平8
3. 车一平二　卒7进1　　4. 车二进六　马2进3
5. 兵五进一　士4进5　　6. 马八进七　炮8平9
7. 车二平三　车8进2　　8. 兵五进一　卒3进1
9. 炮八进四　卒5进1　　10. 炮八退五　炮2进4
11. 兵三进一　卒7进1　　12. 炮八平五　卒7进1
13. 马三进五　炮2平5　　14. 马七进五　象3进5
15. 车九平八　车1平4　　16. 马五进三　车4平5
17. 车八进六　车8进3　　18. 相三进一　炮9进4
19. 马三进二　马7进5　　20. 车三平五　车8平6
21. 车五平六　车4退2　　22. 车八平六　卒7进1
23. 车六进二　象5进7

50. 担雪填井——李义庭对管必仲

图50-1系明代徐芝编著象棋谱《适情雅趣》中"担雪填井"局。寥寥几着，红方先后弃去三子，最后用炮构成杀局。

着法，红先胜：

1. 炮七进二

弃炮正着。如误走马八进七，则将5平6，以后红方无杀棋，黑方胜。

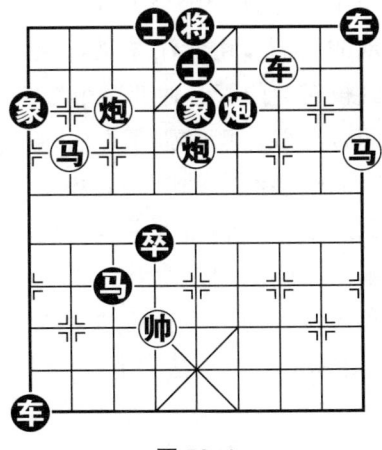

图 50-1

1. ………… 象１退３
2. 车三进一

如改走马八进七，则将５平６，车三进一，象５退７，马一进三，将６进１，红方无杀，黑方胜。

2. ………… 车９平７
3. 马八进七 将５平６
4. 马一进三

弃马，为最后闷杀制造条件。

4. ………… 车７进２
5. 炮五平四（图 50-2）

红方弃掉炮、车、马后，用炮闷杀。

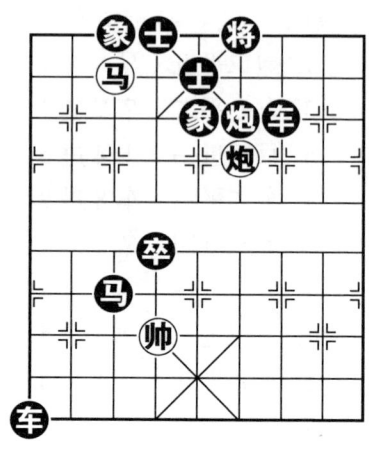

图 50-2

图 50-3 是 1957 年 11 月 14 日在上海全国个人赛中出现的局面，由武汉李义庭执红棋对兰州管必仲弈至第 23 回合形成。黑方强子左右中三面包抄红方帅府，局势一触即发。此时黑方果敢弃掉车马，以炮闷杀取胜，干脆利落地入局。着法巧妙，令人击节。实战着法如下：

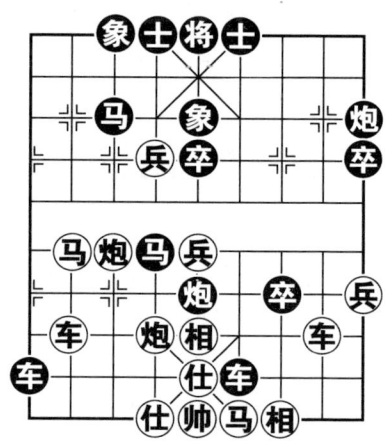

图 50-3

23. ………… 车１平５　24. 仕六进五 车６平５
25. 帅五平六 马４进３　26. 车八平七 车５进１

27. 帅六进一　炮 5 平 4
（图 50-4）

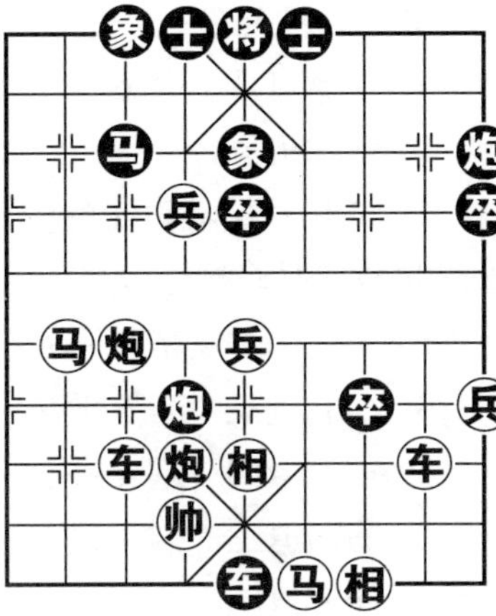

黑方胜。本局取胜过程与"担雪填井"如出一辙，可谓巧夺天工。

附：如图 50-3 前对弈过程

1. 炮二平五　马 8 进 7
2. 马二进三　车 9 平 8
3. 兵七进一　卒 7 进 1
4. 马八进七　炮 8 平 9
5. 马七进六　马 2 进 3
6. 炮五平六　炮 2 进 3
7. 相七进五　炮 2 平 7
8. 车九平七　卒 1 进 1
9. 兵九进一　车 1 平 5
10. 车七平八　马 6 进 4
11. 兵五进一　车 8 进 6
12. 兵七平六　卒 7 进 1
13. 兵六进一　卒 7 进 1
14. 车二进二　炮 3 平 5

7. 马六进七　炮 2 进 1
9. 马七退八　象 7 进 5
11. 兵七进一　卒 1 进 1
13. 炮八平七　马 7 进 6
15. 炮七进二　车 1 进 3
17. 仕四进五　炮 7 平 3
19. 车一平二　车 8 平 6
21. 马三退四　车 6 进 2
23. 车八进二

图 50-4

51. 秣马潜戈——谢小然对王嘉良

图 51-1 系《适情雅趣》中之"秣马潜戈"局。红方在用帅钳制黑方炮将之前提下，巧运马至黑方右翼，方可制胜。

着法，红先胜：

1. 仕五进四　卒6平7
2. 仕六进五

红方头两着调动仕的位置，此乃"明修栈道"。

2. ………… 　卒7平6
3. 马五进三　卒6平7
4. 马三退四　炮4进3
5. 马四退三　炮4退3
6. 仕五退四

巧着，为运马从帅底迂回而出开道。

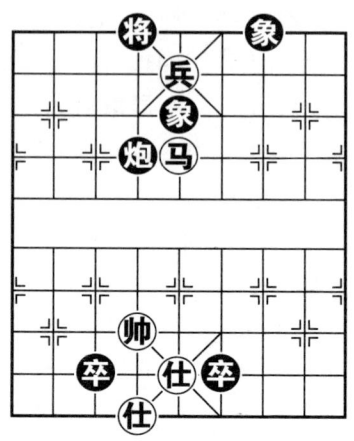

图 51-1

6. ………… 　炮4退1
7. 马三退五　卒7平6

如改走卒3进1，则帅六退一，炮4进5，仕四进五，炮4退1，马五进七，红胜定。

8. 马五退六（图51-2）

佳着！马置于帅后，惟此才可调运到黑方右翼取胜，此即"暗渡陈仓"。黑方无法解救红马擒王，以下着法不言自明。

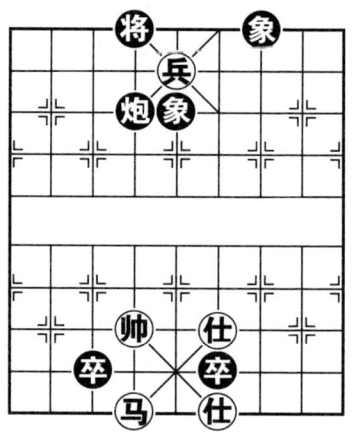

图 51-2

图51-3是1959年6月6日在北京先农坛体育场举行京哈友谊赛上的局面，由北京谢小然执红棋对哈尔滨王嘉良弈完75回合形成。此时红方先出帅伏杀，再退马逐炮占据要点，

继之以单兵换取双士,用帅牵连炮将,最后以"秾马潜戈"战术迫黑方签城下之盟。实战着法如下:

76. 帅五平四

佳着!御驾亲征,伏兵四进一杀棋,迫黑方退炮。

76. ………… 炮3退1
77. 马六退八 炮3进1
78. 马八进七 炮3平6

鉴于红方有兵吃士连杀之着,黑方被迫平炮以作遮挡。至此黑炮已成被囚禁之势。

79. 兵六平五 士4退5
80. 兵四平五 将5平6
81. 帅四进一 (图 51-4)

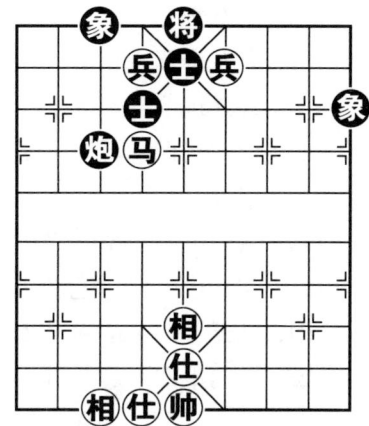

图 51-3

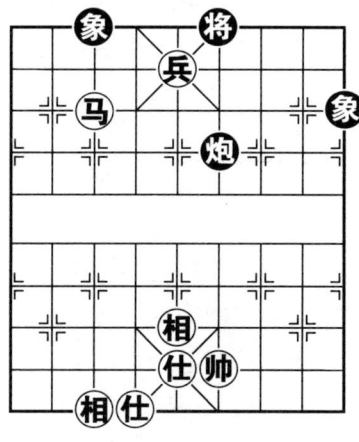

图 51-4

至此,黑方认负。此时局面恰似"秾马潜戈"结局,黑方坐以待毙。以下红方战术可从"秾马潜戈"中看出,只待运马由帅后移到黑方左翼成杀。

附:如图 51-3 前对弈过程

1. 炮二平五　马8进7　　2. 马二进三　马2进3
3. 车一平二　车9平8　　4. 兵七进一　卒7进1
5. 马八进九　炮8进2　　6. 车二进四　象3进5

7. 炮八平七	车1平2	8. 兵九进一	炮2平1
9. 车九平八	车2进9	10. 马九退八	卒1进1
11. 兵九进一	炮8平1	12. 车二进五	马7退8
13. 炮七进四	马8进7	14. 马八进七	马7进6
15. 炮五退一	士4进5	16. 炮五平三	卒9进1
17. 兵三进一	卒7进1	18. 炮三进三	马3进1
19. 相三进五	后炮平3	20. 炮三进二	马1退2
21. 马三进四	卒5进1	22. 马七进八	炮1平2
23. 炮七平四	炮3进1	24. 炮三退五	炮3平5
25. 马八退七	马2进4	26. 炮三平四	炮5平1
27. 后炮进四	炮2平6	28. 炮四平六	炮1退3
29. 马四退二	炮1平4	30. 炮六平五	炮4平2
31. 马二进一	炮6进3	32. 马七进九	炮2进5
33. 炮五平六	卒5进1	34. 兵五进一	炮2平5
35. 仕四进五	马4进2	36. 马一退三	炮6退2
37. 马三进四	炮5退2	38. 兵七进一	马2退3
39. 兵七平六	马3进4	40. 兵六进一	炮5进1
41. 马九进七	炮5平7	42. 兵一进一	炮6退1
43. 马四进三	将5平4	44. 马七退五	炮6平1
45. 马三退二	炮7平8	46. 马五进三	炮1退1
47. 马二退四	象5进7	48. 马四退六	炮1进2
49. 马三退二	象7进5	50. 兵一进一	炮8进2
51. 马二进四	炮1退1	52. 马六进八	象7退9
53. 马八进七	将4平5	54. 兵一平二	炮8平7
55. 兵二进一	炮7退4	56. 马七退九	象9退7
57. 马四进六	炮7平6	58. 马六进四	象5进7
59. 兵六平七	炮1平5	60. 马九退八	炮6平1

61. 马四退三	象7进5	62. 兵二平三	象7退9
63. 兵七进一	象5退3	64. 兵七进一	炮1平6
65. 马八进七	炮5平3	66. 兵七平六	炮6退1
67. 兵三进一	炮3平4	68. 马三进五	炮4退2
69. 兵三进一	炮6进4	70. 马五进四	炮4进1
71. 马四退六	炮6退1	72. 兵三平四	士5进4
73. 马六退五	炮6退1	74. 马五进四	炮6平3
75. 马四进六	士6进5		

本局第 13 回合即进入无车局形势，以后进入漫长的马炮大战，可谓稀奇。

52. 车炮冷着——朱剑秋对季本涵

图 52-1 系中国地质大学出版社 1991 年 12 月版郑鑫海编著《象棋妙杀巧和 150 局》中排局"车炮冷着"。"此局红方在黑方有双士的情况下，巧妙构成'海底捞月'的杀局。算度巧妙，这对锻炼我们的实战很有启迪。"

着法，红先胜：

1. 车七平三　将5平6
2. 炮七进九　将6进1
3. 车三进三　将6进1
4. 炮七退一　士5进4
5. 炮七平四　卒7平6

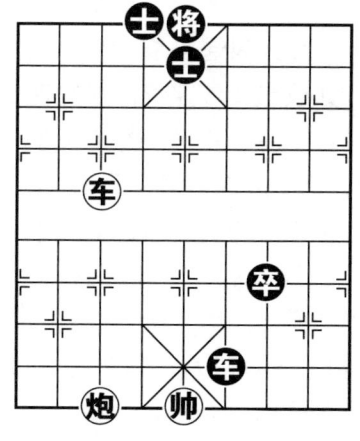

图 52-1

6. 车三退二　将6退1
7. 车三平四（图52-2）
白脸将杀，红胜。

图52-3是1962年合肥全国个人赛中的一个残局形势，由上海朱剑秋执红棋对江苏季本涵，见诸刘殿中、齐津安编著《残局妙手——棋死回生的巧应妙对》。此时轮红方行棋，利用黑方车、士位置欠佳的弊病，车炮借帅力巧妙地组织攻势获胜。实战着法如下：

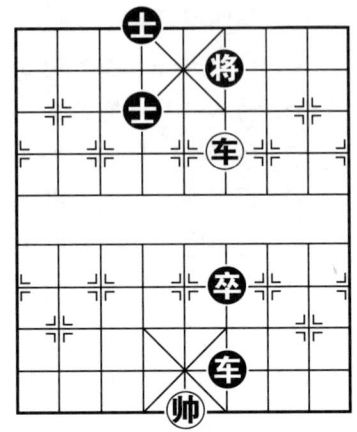

图52-2

1. 车三平五　士4退5

如改走士6进5，则车五进二，黑方必丢车速败。

2. 炮五平一　车5平9

红方闪炮叫杀，妙！黑方如改走车5平7，则帅四平五，将5平4（若车7退8，炮一进六，将5平4，车五平六，将4平5，车六平八，红方胜），车五平六，将4平5，车六进四，车7

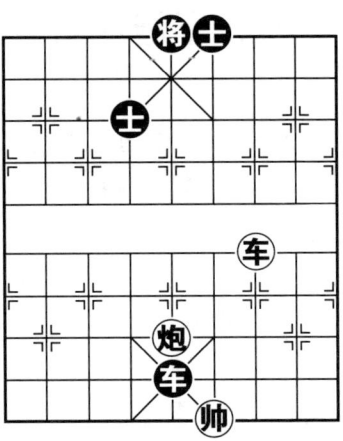

图52-3

退8，炮一进六，车7进1，炮一进一，车7退1，车六平五，将5平4，车五退二绝杀，红方胜。

3. 车五退二

红方退车保炮，可压低黑车，继续控制局势，是获胜关键。

3. ………… 将5平4 4.车五平六 士5进4

如改走将4平5，则帅四平五，车9平7，炮一平三，以下黑方平车则被闷杀，又不允许进车形成"长将"，红方胜。

5.车六进五 将4平5

6.车六平五 将5平4

如改走士6进5，则炮一平五，车9平4，炮五进六，车4退7，帅四平五，红车帅占中，可以"捞月"。

7.帅四平五 将4进1

8.车五退一 车9平4

9.炮一进七（图52-4）

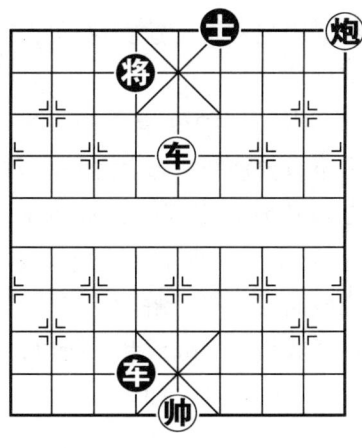

图52-4

以下红方伏有车五进三叫杀，黑方只有士6进5，则红车吃士后，再运炮至左翼"海底捞月"即胜。

本局形势与"车炮冷着"类似，结局同归于"捞月"。

象棋特级大师刘殿中评价：此局红方妙手如珠，一气呵成，不愧"三剑客"（指朱剑秋在20世纪40年代曾与周德裕、窦国柱被誉称为"扬州三剑客"）之美誉。

53．力排万难——刘文哲对陈柏祥

图53-1系一则老将绕城一圈的排局，由孟巩和陈宗明合拟署名"添和"，发表于1962年5月17日《羊城晚报》。

象棋界名宿、排局名家、广东名手彭树荣先生说过："一则排局，能够逼着对方的将或帅沿着九宫转了一圈的，可成为'环绕一周'类型的排局，是象局中之一奇，这类排局并不多见。"

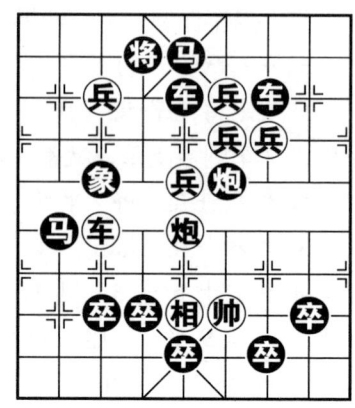

图 53-1

本局红帅处境千钧一发，黑卒只要横行一步就杀棋。红方巧妙地运用弃子抢攻战术，连叫21个"将军"，迫使黑将绕城而走，终于解除了一个又一个威胁，力战成和。所以，此排局特名之曰"力排万难"。

着法，红先和：

1. 车七平六	马2退4	2. 车六进一	炮6平4
3. 炮五平六	车5平4	4. 兵七平六	将4退1
5. 兵六进一	将4平5	6. 兵六进一	将5平6
7. 前兵进一	将6进1	8. 炮六平四	车7平6
9. 兵四进一	将6进1	10. 兵三平四	将6平5
11. 兵四平五	将5平4	12. 炮四平六	马5进4
13. 前兵平六	将4退1	14. 兵六进一	将4退1
15. 兵六进一	将4平5	16. 炮六平五	象3退5
17. 兵五平六	象5进7	18. 炮五退三	象7退5
19. 相五退七	象5进3	20. 兵六平五	象3退5
21. 炮五进一	卒4平5	22. 帅四平五	象5进3

（图 53-2）

至此双方两难进取，和棋。

图 53-3 是 1962 年 11 月 11 日合肥全国个人赛中出现的局面，由北京刘文哲执红棋对广东陈柏祥弈完 16 回合形成。此时黑方集车马双炮于一侧，红方被迫出帅。以后黑方几次失策，红方历经重重险阻，也是力排万难之后，才得以峰回路转而取得胜利。实战着法如下：

17. 帅五平四　炮 8 进 1
18. 帅四进一　车 8 进 8
19. 帅四进一　卒 5 进 1

挺卒看似加强攻势，实则失去胜机。应改走马 7 进 6，以下马九进七，马 6 进 7，车八进九（若炮七平一，卒 5 进 1，炮五平八，卒 5 进 1，相七进五，马 7 退 5，黑方胜），炮 9 退 2，马三退二，车 8 平 6，马二进四，马 7 进 8，黑方胜。

20. 炮五进五　象 7 进 5
21. 马九进七　炮 9 退 2
23. 帅四退一　车 8 进 1
25. 帅四平五　车 8 退 1
27. 仕四退五　车 8 退 1

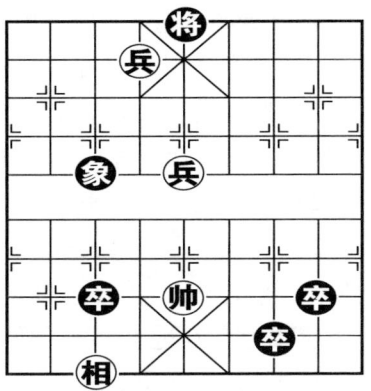

图 53-2

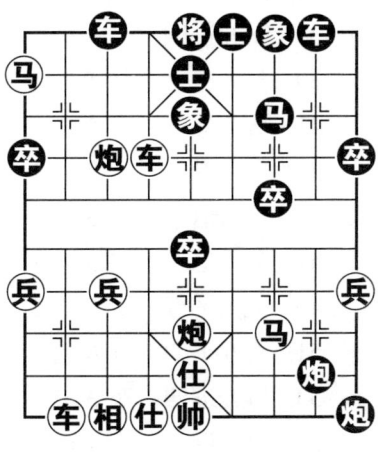

图 53-3

22. 马三退二　车 8 退 1
24. 帅四进一　卒 5 平 6
26. 仕五进四　车 8 进 1
28. 仕五进四　车 8 退 4

应改走卒 6 进 1，以下帅五退一，车 8 进 1，马二进四，马 7 进 6，车六退三（若车八进九，卒 6 进 1，帅五平六，马 6 进 5，帅六进一，车 8 退 1，相七进五，车 8 平 5，帅六平五，马 5 进 7，黑方胜），炮 9 进 1，红方难以应付。

29. 马二进一　车 8 平 4　　30. 车八进九　车 4 平 5
31. 帅五平六　象 5 退 3　　32. 车八平七　士 5 退 4
33. 车七平六　将 5 进 1　　34. 炮七退二　马 7 进 6

应改走卒 6 进 1，以下马一进三，卒 7 进 1，车六退一，将 5 进 1，炮七平五，将 5 平 6，马三进一，卒 7 平 8，黑方优势。

35. 仕六进五　马 6 退 4　　36. 帅六退一　卒 6 进 1
37. 仕五进四　马 4 进 5　　38. 车六退一　将 5 退 1
39. 车六进一　将 5 进 1　　40. 帅六退一　马 5 进 3
41. 马一退二　车 5 平 8　　42. 相七进五　车 8 进 6
43. 马三退五　车 8 退 1　　44. 马五进六　车 8 平 1
45. 马六退五　马 3 进 5　　46. 仕四退五　车 8 退 1
47. 车六退一　将 5 退 1　　48. 车六退五　马 5 退 6
49. 车六平五　士 6 进 5　　50. 炮七平五　士 5 进 4
51. 车五平四　马 6 退 8　　52. 仕五进六　车 8 平 3
53. 马五进四　车 3 进 1　　54. 帅六进一　车 3 退 1
55. 帅六退一　卒 7 进 1　　56. 炮五退四　卒 7 平 6
57. 车四平五　将 5 平 6　　58. 马四进二

红方历经风险，终于转危为安。现在进马出击，开始反攻。

58. ………　　车 3 平 6　　59. 马二进三　卒 6 平 7
60. 仕六退五　车 6 退 4　　61. 车五进二　车 6 平 5
62. 炮五进五　马 8 进 9　　63. 马三进一　马 9 进 7
64. 仕五进四　马 7 退 6　　65. 马一进三　将 6 进 1

66. 炮五退四　马6进5

67. 帅六平五

由第17回合起红帅离开主位，断断续续至此围绕九宫足足转了一圈，终于回归原位。

67. ………　士4退5

68. 炮五平四　士5进6

69. 帅五进一　（图53-4）

红帅坐中堂，至此已行遍九宫各点。

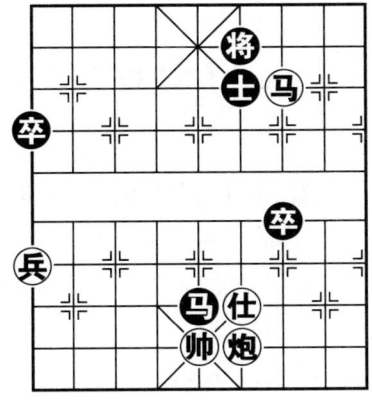

图 53-4

69. ………　马5退4　70. 马三进二　将6退1

71. 炮四平一

黑方无法解救红方马后炮杀，遂认负。

本局元帅被逼离开主位，以后时进时退竟然完整地环绕九宫一圈才得以回归主位，此乃一奇。临结局时，红帅又坐中堂，为获胜立一大功。如此一来，红帅在九宫的每一点都曾驻足，又是一奇。

附：如图53-3前对弈过程

1. 炮二平五　马8进7　2. 马二进三　卒7进1
3. 马八进七　车9平8　4. 车一进一　马2进3
5. 兵五进一　士4进5　6. 车一平六　炮2进4
7. 兵五进一　象3进5　8. 马七进五　卒5进1
9. 马五进七　炮8进2　10. 马七进八　车1平3
11. 炮八平七　卒5进1　12. 车九平八　炮2平7
13. 炮七进四　炮7进3　14. 仕四进五　马3退1
15. 马八进九　炮8进4　16. 车六进五　炮7平9

54. 方块图形——刘剑青对胡荣华

图 54-1 系 20 世纪 20 年代浙江永嘉名手林弈仙排拟之"方城失险"局,收入谢侠逊编校《象棋谱大全·象局集锦》。这是一则局面呈现两个方块的图形排局,红方左中右三面合击,一举破城。

着法,红先胜:

1. 马七进五　将 6 退 1

如改走将 6 平 5,则兵五平六,将 5 平 4(若将 5 平 6,车五进四,将 6 退 1,车五进一,将 6 进 1,兵三进一,将 6 进 1,车五平四,红方胜),兵六进一,前车平 4,车五进四,将 4 退 1,车七进七,红胜。

2. 炮六进一　将 6 进 1
3. 兵三进一　马 5 进 7
4. 炮六退一　将 6 退 1
5. 车七进七　马 7 退 5
6. 马五退三　将 6 进 1
7. 马三进二　将 6 退 1
8. 炮六进一　马 5 进 6
9. 炮六退二　马 6 退 5
10. 车七平五　将 6 平 5
11. 兵五平六　将 5 平 4
12. 马二退四　将 4 进 1
13. 车五进四　将 4 退 1
14. 车五进一　将 4 进 1

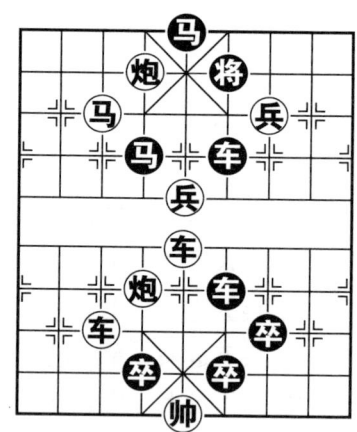

图 54-1

15. 车五平六（图 54-2）拔簧马杀，红胜。

图 54-3 是 1964 年 5 月 16 日杭州全国个人赛中出现的局面，由四川刘剑青执红棋对上海胡荣华弈完 10 回合形成。上一着黑方卒 7 进 1 后，棋盘右侧红方车马双炮双兵与黑方炮卒形成一个方块图案，犹如实战中出现的天然图形排局，十分罕见。以下双方互相挺兵卒，三个回合后图形不复存在。最终黑方获胜。实战着法如下：

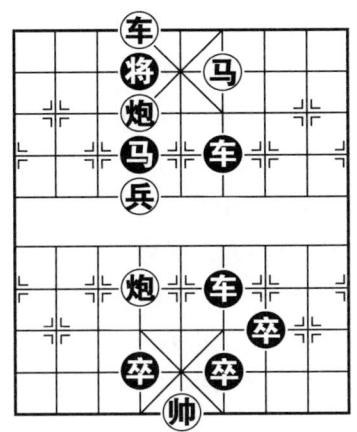

图 54-2

11. 兵七进一　　卒 5 进 1
12. 兵七进一　　卒 5 进 1
13. 马四退三　　炮 8 平 7
14. 车三平六　　马 3 进 5
15. 兵七平六　　马 5 进 6
16. 马三进四　　卒 5 平 6
17. 炮四平五　　车 9 平 8
18. 炮二平一　　车 8 平 6
19. 兵六进一　　车 2 进 2
20. 兵六进一　　卒 6 进 1
21. 车六进五　　卒 6 进 1
22. 炮五退一　　炮 7 平 3
24. 车六平四　　卒 6 进 1

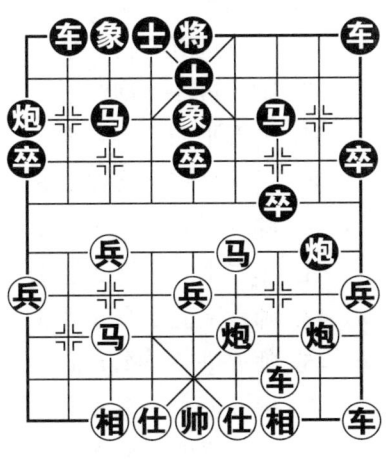

图 54-3

23. 相七进九　　炮 3 退 1

（图 54-4）

黑方弃卒，给红方以致命一击，着法精妙。

25. 车四退五

如改走炮五进一，则车8进1，马七进六，车2平4，黑方亦大占优势。

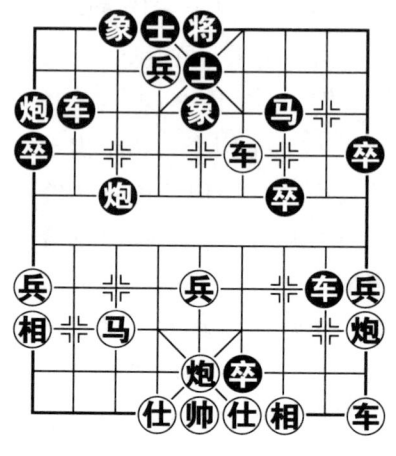

图 54-4

25. …………	车8进1
26. 马七进六	车8平4
27. 车四进三	车2平4
28. 车一平二	炮1平2
29. 炮五进一	车4退2
30. 车四平六	车4进3
31. 炮五进五	将5平6
33. 帅五进一	炮3平5
35. 炮五平四	将6平5
37. 后炮平三	将5平6
39. 帅五平六	马8进9
41. 车二平一	炮2退7
43. 帅六平五	车6进6
45. 帅五进一	车6退1
47. 炮三退二	车6平5
49. 车一平四	炮2平6
51. 车四进二	车5平6
53. 仕五退四	车6进4
55. 车六平五	卒7进1
32. 炮一平四	炮2进7
34. 相三进五	车4退3
36. 前炮进一	车4平6
38. 车二进八	马7进8
40. 车二退五	将6进1
42. 兵五进一	炮5平4
44. 帅五退一	车6进1
46. 帅五退一	车6退1
48. 仕六进五	车5退2
50. 炮三平四	卒7进1
52. 车四平六	炮6进7
54. 帅五进一	车6退6
56. 兵九进一	卒7进1 （图 54-5）

红方认负。

附：如图 54-3 前对弈过程

1. 兵三进一　象 7 进 5
2. 炮八平五　马 2 进 3
3. 马八进七　车 1 平 2
4. 马二进三　卒 3 进 1
5. 马三进四　马 8 进 7
6. 车九进一　士 6 进 5
7. 车九平三　炮 2 平 1
8. 炮五平四　卒 3 进 1
9. 兵七进一　炮 8 进 3
10. 兵三进一　卒 7 进 1

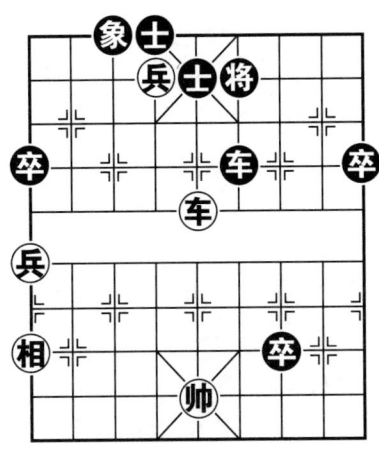

图 54-5

55．怯勇自服——胡荣华对刘剑青

图 55-1 系《适情雅趣》中"怯勇自服"局，这是一则单车对炮双士双卒的实用残局。红方乘黑炮位置欠佳，平车要道，采取困毙战术迫使黑方送卒而获胜。

着法，红先胜：

1. 车二平八　炮 4 进 2

如改走卒 1 进 1，则帅五进一，炮 4 进 2，车八进五，炮4退2，车八平七，卒

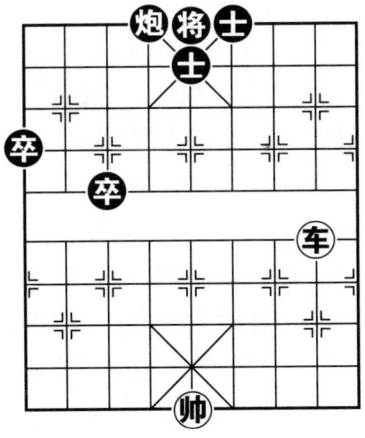

图 55-1

1进1，车七退四，卒1平2，车七进四，卒2进1，帅五退一，以下同正变，迫使黑卒自投罗网。

2. 车八进五　炮4退2
3. 车八平七　卒1进1
4. 车七退四　卒1进1
5. 车七退一　炮4进2
6. 车七进五　炮4退2
7. 车七平八（图55-2）

至此，红胜已定。以下黑方只有进卒，红帅以进退为等着，待黑卒沉底后束手就擒。

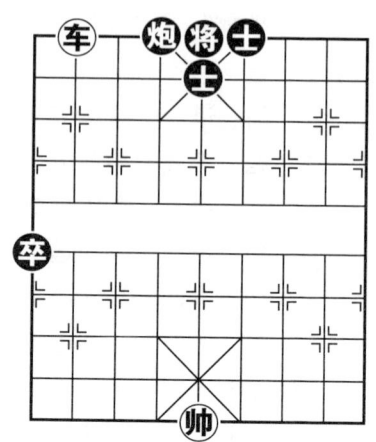

图55-2

图55-3是1965年8月13日在上海进行的四川、浙江、江苏、上海四省市象棋友谊赛中的一个残局形势，由上海胡荣华执红棋对四川刘剑青弈完60回合形成。上一着黑方进边卒邀兑，此时红方如兵九进一，则车3平1，兑去边卒后，则成和局。红方于是飞相驱车，以作试探。关键时刻，黑方失误，结果被困毙而告负。实战着法如下：

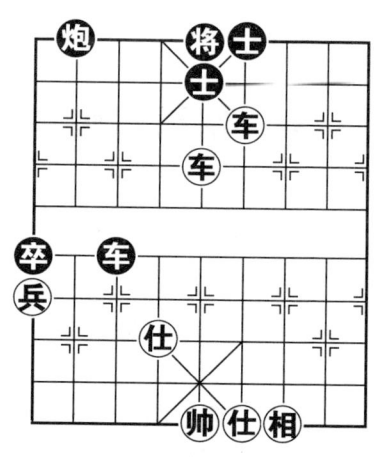

图55-3

61. 相三进五　车3平4

劣着，车路受困，造成败局。应改走车3平2，以下如车四平七,则炮2平4,车七退三,车2进4,车七退四,车2退4,红车借叫将脱身,暂时避免兑车,可成和局。

62. 车四平七　炮2平4
63. 车七退三　车4平3
64. 相五进七　卒1进1
65. 车五平八（图55-4）

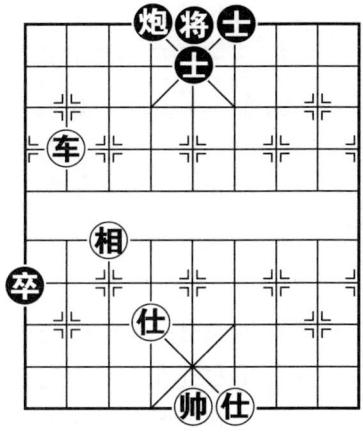

图 55-4

至此,红方认负。以下如炮4进2,则车八进三,炮4退2,帅五进一,黑方必失卒。这盘棋的尾声与"怯勇自服"结局,犹如克隆一般。由此不难看出,排局来自于实战,又可运用于实战。

附:如图55-3前对弈过程

1. 炮二平五	马8进7	2. 兵三进一	卒3进1
3. 炮八进四	马2进3	4. 炮八平七	炮2进2
5. 马二进三	卒7进1	6. 兵七进一	卒7进1
7. 兵三进一	炮2退3	8. 马八进七	马7进6
9. 车九平八	炮2平7	10. 马三退五	车9平8
11. 车八进四	炮8平7	12. 炮七平八	象3进5
13. 兵七进一	马3退1	14. 炮八平五	士4进5
15. 车八进一	车8进8	16. 后炮平三	车8平6
17. 炮五平四	马6进8	18. 炮三进五	车6退5
19. 马七进六	车6平7	20. 炮三平二	车1平4
21. 车八退一	卒7平6	22. 炮二进一	车7进1
23. 车一平二	马8退7	24. 炮二进一	车7平4

25. 马五进七	马7进5	26. 兵五进一	卒6平5
27. 马六退五	炮7进6	28. 车二进七	炮7平3
29. 车二平五	马5进7	30. 仕六进五	前车平8
31. 炮二平一	车8退4	32. 车五退三	车8平9
33. 车五平三	车4平3	34. 车八进四	车3进3
35. 车八平九	炮3平2	36. 仕五退六	炮2退7
37. 马五进六	车3平4	38. 车九平七	炮2平4
39. 车七退二	车4进1	40. 马六退七	车4平5
41. 相七进五	卒1进1	42. 车三退一	卒9进1
43. 马七进五	卒9进1	44. 马五进七	车5平4
45. 兵一进一	车9进5	46. 车三进六	车4进1
47. 相五进三	车9退1	48. 车七平五	车4退4
49. 马七进五	炮4平2	50. 仕六进五	车9平6
51. 马五进七	车4平3	52. 相三退五	车3进1
53. 仕五进六	炮2进3	54. 马七退六	车6平4
55. 相五进七	车3退1	56. 马六退四	炮2退3
57. 马四进三	车4平6	58. 车三退二	车3进4
59. 马三进四	车6退2	60. 车三平四	卒1进1

56. 活挟丕豹——陈柏祥对吴耀球

图 56-1 系明代象棋谱《梦入神机》（作者佚名）中"活挟丕豹"局。丕豹是春秋时期晋国人，因父丕郑被晋惠公进行大清洗中杀害，逃到秦国力劝秦穆公伐晋以巩固权力，但秦穆公没有采纳。

这是一则困子局，着法精巧，颇具实用价值。彭树荣先生在其编著《象局钩奇》（广东人民出版社 1996 年 3 月版）中"困子局"一节提到：《梦入神机》是在 1948 年 8 月 26 日，天津市静海县郑国钧先生得其表弟李宝林的协助，从本县独流镇一个姓杜的商贩用来包杂货的废纸堆中抢救出来的。这局棋的第六路第八格士角红兵，原谱是置在第七路第九格，则红棋无法取胜。经郑国钧先生研究后，将此兵移置在士角，红方才能取胜。

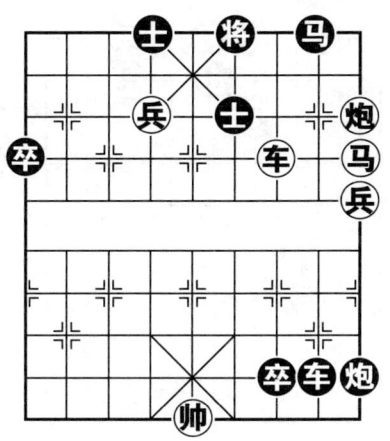

图 56-1

着法，红先胜：

1. 车三进三　将 6 进 1　　2. 车三退一　将 6 退 1
3. 车三平二

妙！先弃后取，解杀助攻。

3. ………　车 8 退 7　　4. 炮一进二　将 6 进 1
5. 马一进二　炮 9 退 8　　6. 兵一进一

此兵一进，黑方马炮被活生生挟住，点题妙手。

6. ………　卒 7 平 6　　7. 兵一进一　卒 1 进 1
8. 兵一进一　卒 1 进 1　　9. 兵一进一　卒 1 平 2
10. 兵一平二　士 6 退 5　　11. 马二退三　将 6 退 1
12. 兵二平三　将 6 平 5　　13. 马三进一　卒 2 平 3
14. 马一进三　（图 56-2）

卧槽不出门，红胜。

图 56-2

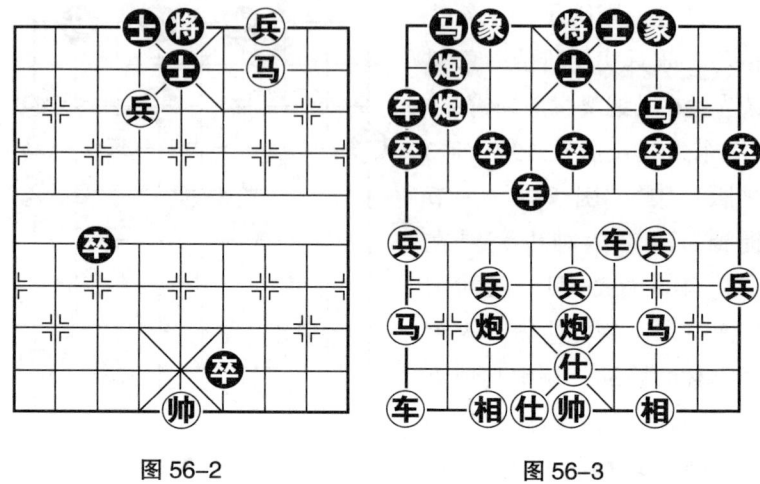

图 56-3

图 56-3 系 1965 年 9 月 24 日广州市象棋甲组联赛战局，由陈柏祥执红棋对吴耀球弈完 13 回合形成。双方大子俱在，局势已进入中局。上一着黑车从红方下二路肋道撤回河口，此时红方抓住战机，将边马跃出咬车。此后连挺边兵，结局时黑方边车无路可逃，如此精彩的擒车表演令旁观者捧腹大笑。实战着法如下：

14. 马九进八　车 4 平 2
15. 兵九进一　车 2 进 1
16. 兵九进一　车 1 退 2
17. 兵九进一　车 2 进 4
18. 车四平九　车 2 退 5
19. 兵九进一　（图 56-4）

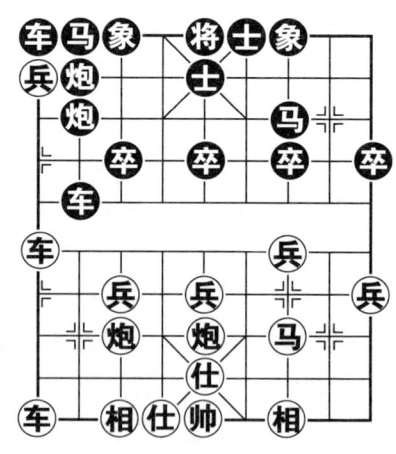

图 56-4

红方抓紧时机,直挺边兵,追逐黑车,直到生擒为止。此局可与"活挟丕豹"局媲美。

附:如图 56-3 前对弈过程

1. 炮二平五　炮 8 平 5　　2. 马二进三　马 8 进 7
3. 车一平二　车 9 进 1　　4. 仕四进五　车 9 平 4
5. 马八进九　车 4 进 7　　6. 兵三进一　车 4 退 3
7. 炮八平七　炮 5 退 1　　8. 车二进八　炮 5 平 4
9. 车二平四　士 4 进 5　　10. 车四退四　车 4 进 3
11. 车九平八　车 1 进 2　　12. 兵九进一　炮 4 平 2
13. 车八平九　车 4 退 4

57. 车马冷着——言穆江对沈芝松

图 57-1 是民国年间"七省棋王"周德裕排拟的一则小巧的棋局"车马冷着"片断,见诸北京体育学院出版社 1991 年 11 月版金启昌等编著《古今象棋名局精萃》。本局非常精彩,将车马组合攻坚展现得淋漓尽致,最后红车借用马力构成杀局。

着法,红先胜:

1. 车五平七　炮 5 进 5
2. 马六退五　车 6 进 2

如改走如改走车 6 平 2,则车七进二,将 5 进 1,马

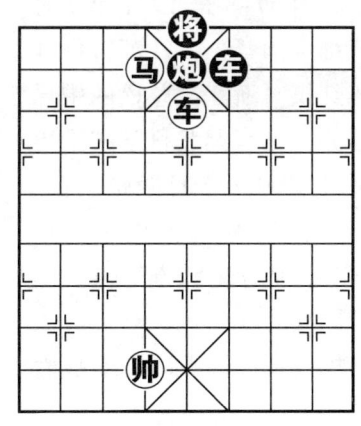

图 57-1

五进三，将5平6，车七平四，红胜。

3. 车七进二　将5进1　　4. 马五进七　将5平6

如改走将5进1，则车七平六，车6平3，车六退二，将5退1，车六进一，将5进1，马七进六，车3退3，车六退二，将5退1，车六平五，红胜。

5. 车七平五　车6平4

6. 帅六平五　车4退1

如改走炮5平4，则车五退四，车4平6，马七进六，将6退1，车五进四，将6进1，车五平三，将6进1，车三平四，红胜。

7. 马七进六　炮5平4

8. 车五退一　将6退1

9. 车五平四（图57-2）

拔簧马杀，红胜。

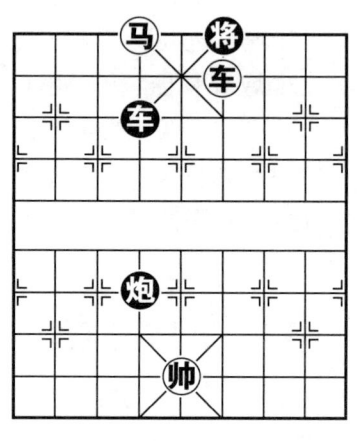

图57-2

图57-3是1974年7月成都全国赛上，江苏言穆江执红棋对浙江沈芝松的中局形势，见诸湖北科学技术出版社1991年7月版张宗辕、李允铨编著《象棋中局拾萃》。此时轮红方行棋，由于黑方疏于防范，被红方车马构成杀局而败阵。实战着法如下：

1. 炮九平七　卒7进1

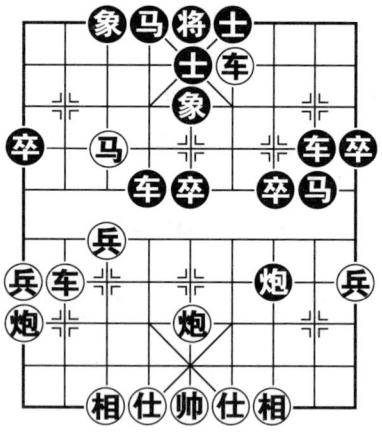

图57-3

应改走炮 7 平 3，以下马七进六，炮 3 进 3，仕六进五，车 8 退 1（若车 4 退 2，车八退三，炮 3 退 1，车八平七，捉死黑炮），车八进四，车 4 退 3，炮五进五，车 8 平 5，车八平五，车 4 进 8，帅五平六，象 3 进 5，炮七平一，黑方虽处劣势，但不至于给红方造成妙杀速败。

2. 马七进六

进马塞象眼，入局妙手！

2. ………… 象 5 进 3
3. 兵七进一　车 4 平 3
4. 车八平五　马 8 进 6
5. 炮七进七　车 3 退 4
6. 车五进二　马 6 进 5
7. 车五退三

至此黑方认输。以下如续走车 8 平 4，则车四平五，士 6 进 5，车五进六，将 5 平 6，车五进一，将 6 进 1，车五平四杀（图 57-4）。

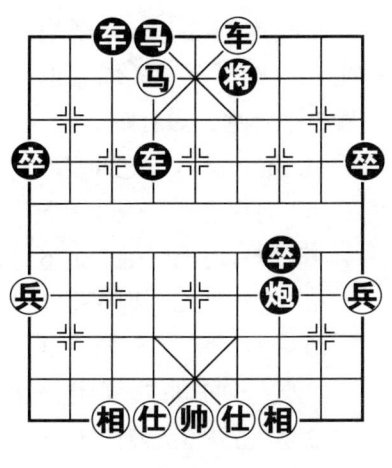

图 57-4

本局杀法与"车马冷着"完全一样，可见排局与实战密不可分。

58. 采茶扑蝶——蔡伟林对徐乃基

图 58-1 系张健麟所拟"采茶扑蝶"局，署名"清河"发表于《象棋》1960 年第 1 期，后收入其所著排局谱《弈海烟波》（蜀蓉棋艺出版社 1988 年 12 月版）。这则排局演示了一

炮镇中、另一炮边路进取大回环攻杀技法，值得借鉴。

着法，红先胜：

1. 炮五进六　马7进5
2. 炮一进四　炮8退3
3. 炮一退五　炮8进5

如改走炮8进4，则炮一平三，炮8平7，炮五退一后再平中炮，黑胜定。

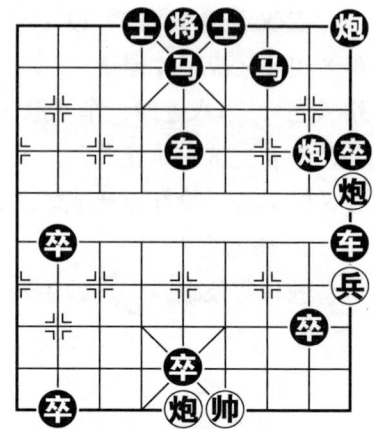

图 58-1

4. 炮一平八　炮8平3
5. 炮八进五　炮3退5
6. 炮八退七　炮3进6
7. 炮五退三　炮3进1
8. 炮八平二　炮3平7
9. 炮二进五　炮7退7
10. 炮二平三　卒2平3
11. 炮三退七　炮7进3

如改走炮7进7，则炮三平七，黑胜。

12. 炮五进三　炮7进4
13. 兵一进一

关键之着。如误走炮三平七，则炮7平3，炮七平九，炮3平1，炮九进一，卒9进1，炮五退一，炮1退4，炮五进一，炮1进4，和棋。

13. ……………　卒3平4
14. 炮三平六　炮7平4
15. 炮六平九　炮4平1
16. 炮九进一　卒5平4

如改走炮1平3，则炮九进六，炮3退7，炮九平七，炮3进1，炮七退二，红胜。

17. 帅四进一　卒4平3
18. 帅四进一　卒3平2
19. 炮九退一　炮1退1
20. 炮五退三　卒2进1
21. 炮九进一　炮1退1
22. 炮九平五（图58-2）

红方双炮取胜。

图58-3是1975年4月在常州举行的六省市（上海、浙江、安徽、江苏、常州、温州）邀请赛上出现的局面，由浙江蔡伟林执红棋对常州徐乃基弈完19回合形成。上一着黑方炮7进5，准备弃马谋车。实战中红方由于顾忌黑方炮7平5照将，第20回合走炮五进二，一番战斗之后，双方握手言和。

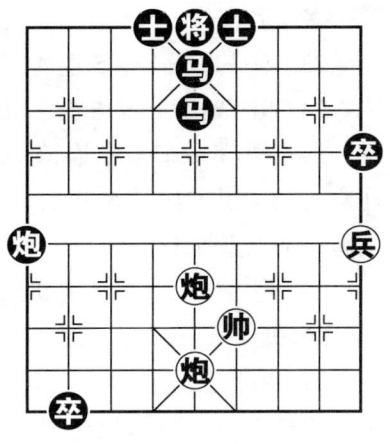

图58-2

事后有人将这局棋的结果口述给胡荣华。胡听后认为，如图58-3形势，黑方后手很大，红方却未能入局。为什么？原因在于"临门一脚"有问题，原着法挺中炮走法不当。他沉思冥想，蒙目计算杀路，终于发现了弃车砍马的精彩入局过程。且看着法：

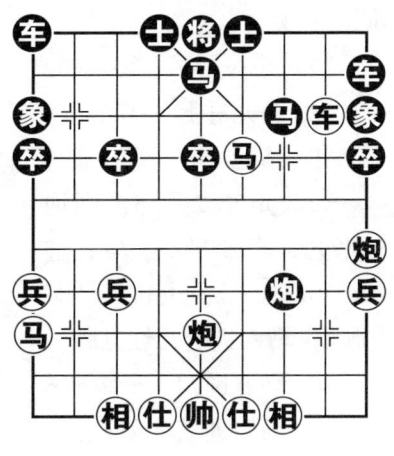

图58-3

20. 车二平三　炮7平5
21. 炮五进四　马5进6
22. 车三平五　车9平5（图58-4）

红方一炮镇中，一炮在边线，形成与"采茶扑蝶"十分相似的局势。黑方如不车平中路而改走支士，则红方车五平一抽车，多子胜定。

23. 炮一进三　炮5退4
24. 相三进五　马6退7

红方再弃一车，中炮镇住窝心马。黑方如马6退8，则炮一平五重炮杀。

25. 炮一平二　马7进9
26. 炮二平三　马9退7
27. 兵七进一

关键之着，可跃出边马进行毁灭性打击。至此黑方难以支撑。

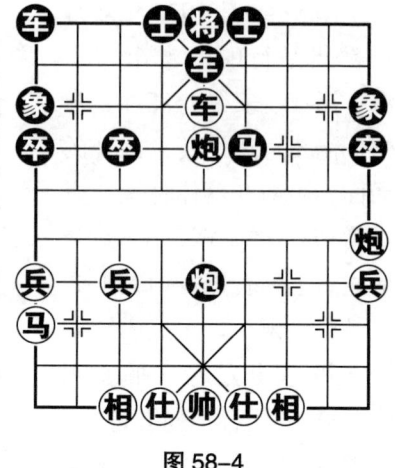

图 58-4

27. …………　车1平2
28. 马九进七　车2进4
29. 马七进五　象1退3

如改走车2平5，则炮三平九，车5平2，马五进六，车2退3，炮九进二，车2退1，马六进七，红方胜。

30. 马五进四　车2平6
31. 马四进三　车6退3
32. 马三进一（图58-5）

黑方无法解救闷杀，红方胜。

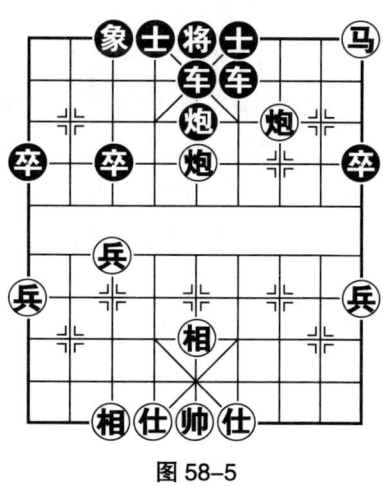

图 58-5

以上红炮打中卒，随后平车叫将镇住中路，再后边炮运作，恰似"采茶扑蝶"所演示的着法。不是排局，胜似排局——这就是胡荣华发现的杀路。精妙绝伦！

附：如图 58-3 前对弈过程

1. 炮二平五　马8进7　　2. 马二进三　车9平8
3. 车一平二　炮2平5　　4. 车二进六　炮8平9
5. 车二平三　车8进2　　6. 马八进九　马2进3
7. 炮八进二　炮9退1　　8. 车九进一　车1平2
9. 炮八平七　马3退5　　10. 车九平四　炮9平7
11. 车三平四　炮5进4　　12. 马三进五　马5进6
13. 马五进三　马6退5　　14. 马三进四　车8退1
15. 车四平八　车2平1　　16. 炮七平九　象3进1
17. 车八平二　车8平9　　18. 炮九平一　象7进9
19. 车二进六　炮7进5

59. 依样葫芦——李国勋对于红木

图 59-1 系发表于《象棋》1961 年第 9 期的一则趣味排局，局名"依样画葫芦"，拟局者张健麟，后收入其所著排局谱《弈海烟波》。局图中红黑双方子力及布阵完全一样，可谓"依样葫芦"；在着法上，黑方"比照"红方亦步亦趋，仍是"依样葫芦"。局图稀奇，着法有趣。因红方出手在前，黑方招致败局。

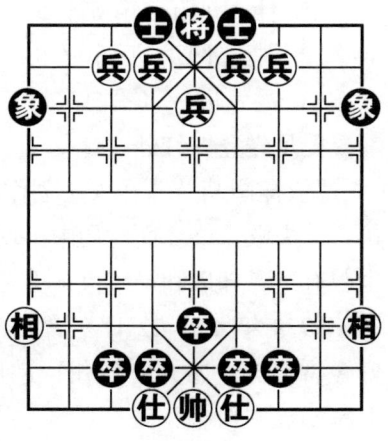

图 59-1

着法，红先胜：

1. 兵四平五

如误走兵四进一，则将5平6，兵五平四，将6平5，兵四平五，卒6进1，帅五平四，卒4平5，黑胜。

1. ………… 士6进5　2. 兵六平五　士4进5
3. 兵三平四　士5退6

如改走将5平4，则兵七平六，将4进1，兵四平五，将4退1，后兵平六，红胜。

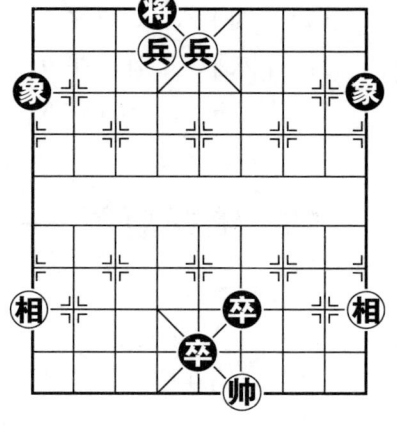

图 59-2

4. 兵七平六　卒4平5
5. 仕六进五　卒6平5
6. 仕四进五　卒3平4
7. 仕五退六　卒7平6
8. 兵四平五　士6进5
9. 兵六平五　将5平4
10. 后兵平六　卒4平5
11. 仕六进五　卒6平5
12. 帅五平四　后卒平6
13. 兵六进一（图59-2）

捷足先登，红胜。

"依样画葫芦"在人工创作的排局中已属稀奇，结果是模仿者以失败告终。而对局中出现后走者模仿执先者而行的棋局也曾有过，却以和局结束，更是罕见。

1975年4月22日在常州举行的六省市（上海、浙江、安徽、江苏、常州、温州）邀请赛上，江苏李国勋执红棋与上海于红木对垒，就是一盘"依样画葫芦"的对局。实战着法如下：

1. 相三进五　象3进5　2. 马八进九　马8进9

3. 马二进三　马2进3　　4. 仕四进五　士4进5
5. 炮八平六　炮8平6　　6. 车九平八　车9平8
7. 车八进七　车8进7　　8. 车一平四　车1平4
9. 兵九进一　卒9进1
10. 马九进八　马9进8
11. 马八进九　马8进9
12. 马九进七　马9进7
13. 车四平三　车4平3
(图59-3)

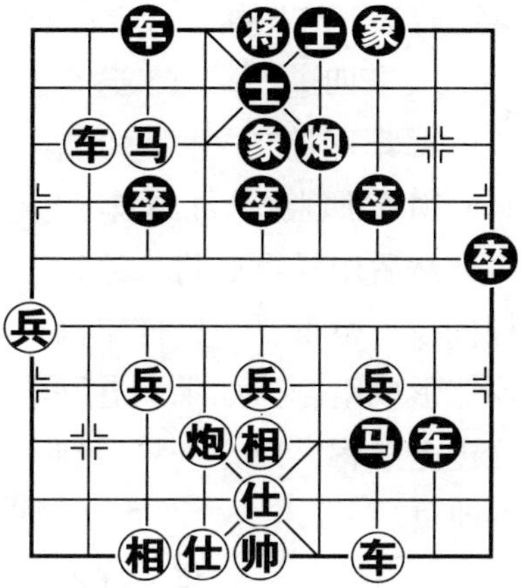

开局伊始，黑方模仿红方着法而行，此时出现双方棋子及布阵完全相同的局面，犹如人工排拟一般。

14. 车三进二

红方吃马，此后黑方不能再模仿下去。

14. ……………　车8平7

黑方兑车。如接走车3进2，则车八进二叫将，黑方必将失车。

15. 炮六平三　车3进2　　16. 车八平七　炮6平3

至此双方实力相当，最终成和。

图 59-3

60. 门迎车马——李来群对蒋志梁

图60-1系清代王相与张自文合编象棋谱《韬略元机》中"门迎车马"局。原谱提示："列马车胜"。此局首着弃车后，

车马有序协同作战，要注意红马与黑将之间的距离，如果双方贴近，马的力量则不易发挥。

着法，红先胜：

1. 车四进二　士5退6
2. 车八进二

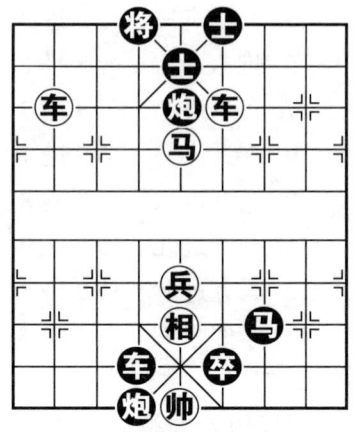

图 60-1

用车照将，再退车照将，然后用马再照将，这种顿挫技巧很重要，这样车马才能形成组合。如果此着马五进七照将，黑方进将后红方即负。

2. ………　将4进1
3. 车八退一　将4退1
4. 马五进七　将4平5
5. 车八进一　车4退8
6. 车八平六（图60-2）

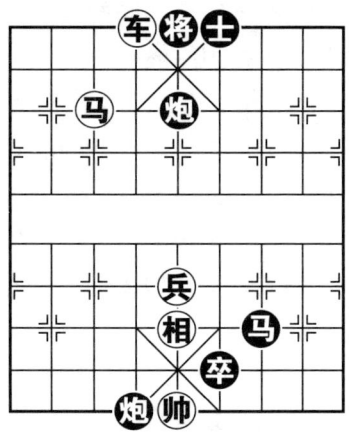

图 60-2

末后形势，红马在七·八位控制黑将无路可走，车借马力照将成杀，即为列马车杀法。这种杀法，在实战中亦有所见，下面即是大赛中的一例，结局以"门迎车马"告终。

图60-3是1977年3月21日出现于在邯郸市举办四省市（广东、北京、安徽、河北）邀请赛上出现的局面，由河北李

来群执红棋对安徽蒋志梁弈完 19 回合形成。上一着黑方平车肋道要杀,此时红方毅然弃车砍炮,以此争得抢攻机会,最后以"门迎车马"之势造成绝杀。实战着法如下:

20. 车九平八

此着一出,黑方所有攻势崩溃,以后任由红方攻杀。

20. ………… 车 2 进 7
21. 车五退三 车 2 退 8
22. 车五平四 象 3 进 5
23. 兵六平五 车 4 平 8
24. 兵五进一 车 2 平 5
25. 相七进五

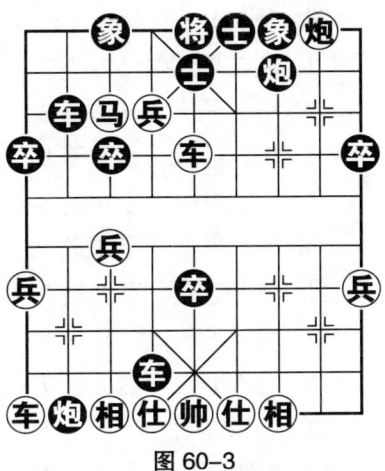

图 60-3

细腻之着。此时红方已呈绝杀之势。如改走马七进五吃车,则车 8 退 8,车四平八,象 7 进 5,马五退七,炮 7 平 5,相七进五,象 5 退 3,仕六进五,车 8 进 2,黑方死里逃生。

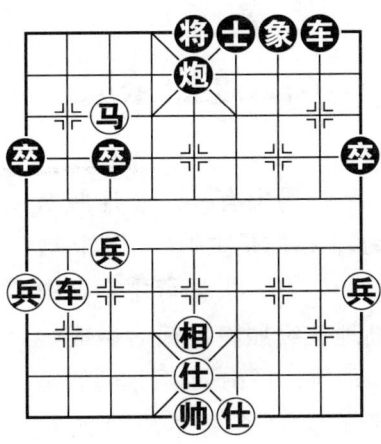

图 60-4

25. ………… 车 8 退 8   26. 车四平八 车 5 进 6
27. 相三进五 炮 7 平 5   28. 仕六进五(图 60-4)

黑方眼见红车要杀而无解,只好认输。

附：图60-3前对弈过程

1. 炮二平五　马8进7　　2. 马二进三　车9平8
3. 车一平二　马2进3　　4. 兵七进一　卒7进1
5. 车二进六　炮8平9　　6. 车二平三　炮9退1
7. 兵五进一　士4进5　　8. 兵五进一　炮9平7
9. 车三平四　卒7进1　　10. 马三进五　卒7进1
11. 马五进六　车8进8　　12. 马六进七　卒7平6
13. 炮五进四　马7进5　　14. 兵五进一　车8平2
15. 炮八平二　炮2进7　　16. 兵五平六　车1进2
17. 炮二进七　卒6平5　　18. 兵六进一　车1平2
19. 车四平五　前车平4

61．连照杀局——蔡伟林对张健麟

排局中有一类"连照杀局"，指的是主帅处于即将被杀的一方，借先行之利不中断地连续照将，最后做成妙杀取胜。图61-1系张健麟排拟的连照杀局"游蜂入花丛"，红方连续将军13步取胜，见其所著排局专集《弈海烟波》。

着法，红先胜：

1. 兵二平三　将6平5

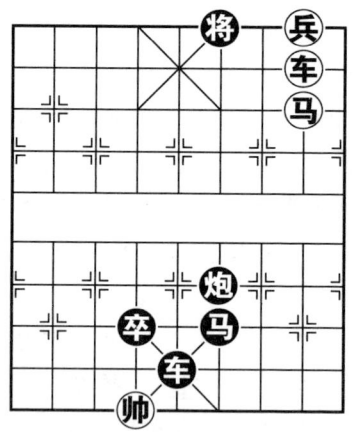

图 61-1

2. 兵三平四　将5平4
3. 马二进四　车5退7
4. 兵四平五　将4进1
5. 马四退五　将4进1
6. 车二退一　车5进1
7. 马五退七　将4退1
8. 车二进一　车5退1
9. 马七进八　将4进1
10. 车二退一　车5进1
11. 马八进七　将4退1
12. 车二进一　车5退1
13. 车二平五（图61-2）

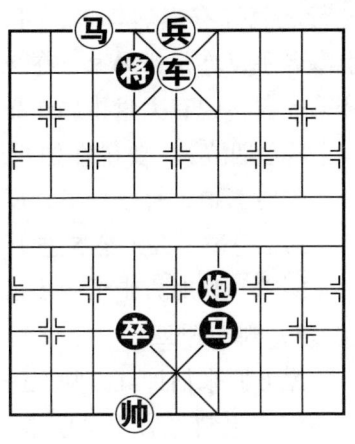

图 61-2

　　这则棋局着法虽然精练有趣，但却是人工排拟而成。假若在对弈中出现这种在四面楚歌中反以连照取胜的局势，可谓无斧痕的天然排局，更是妙趣横生。下面即是一则可以连照成杀的实战对局。

　　图 61-3 是 1982 年 8 月底上海市七届运动会象棋团体赛中出现的局面，由静安区蔡伟林执红棋与闵行区张健麟对弈至第 37 回合时形成，见诸《鹿城棋苑》1982 年第 10 期张健麟、顾太生撰写《临门一脚莫轻率》。从枰面上看，红方车兵夹击九宫，黑方已岌岌可危。所幸的是，此时黑方借

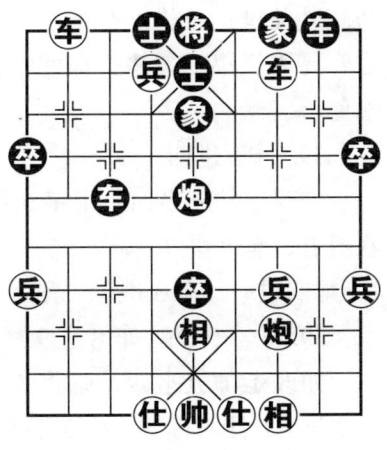

图 61-3

先行之利尚有强烈攻势，可比足球临门一脚之时。张健麟是上海名手，亦是排局家，在20世纪60年代曾两次获得上海市赛第5名，曾有大量排局作品在棋刊上发表，并出版排局作品集《弈海烟波》。要说在如此形势下不难发现取胜之道，可惜由于限时紧迫，轻率行事，反遭败绩。实战着法如下：

37. ………… 卒5进1　38. 仕四进五　卒5进1

漏着，替对方走了一步棋。应走卒5平4可获胜。

39. 帅五平四

黑方原来估计红方帅五进一，则以后红兵吃中仕黑炮可退打还将。岂料红方出帅解杀还杀，不觉大吃一惊，但为时已晚，只得告负。

赛后发现，在图61-3形势时，黑方有一条弈来十分有味的杀路，可以一气呵成连杀制胜。

着法，黑先胜：

37. ………… 卒5进1　38. 仕四进五　卒5平6

献卒好棋，既解红车吃士叫杀，又争黑车沉底催杀之先，乃获胜关键。可惜的是由于限时紧迫，这样着法在实战时往往容易因轻率而忽略，即使是精通排局的弈林好手，也未能幸免。

39. 仕五进四

如改走帅五平四，则将5平6，仕五进四，车8进9，车八退五，车8平7，帅四进一，车3进4，仕六进五，车7退1，帅四退一，车3进1，杀。

39. ………… 车8进9　40. 兵六进一

如改走帅五平四，则将5平6，伏车8平7，帅四进一，车3进4，仕六进五，炮5平6杀。又如改走车三平五，则炮5退3，帅五平四，炮5平6，仕四退五，车3平6，仕五进四，车8平7，帅四进一，车7退1，帅四退一，车6平8，再车8进5杀。

40. ………… 士5退4
41. 车二平六（图61-4）

此时黑方已具备连照成杀的排局着法。杀法如下：

41. ………… 车8平7
42. 帅五进一　车3进4
43. 帅五进一　车3退1
44. 帅五退一

如改走车六退六，则车3平4，帅五平六，车7退2，黑方多子胜定。

44. ………… 车7退1
45. 帅五退一　车3平5
46. 帅五平四　炮5平6
47. 仕四退五　车5平6
48. 帅四平五　车7进1
49. 仕五退四　车7平6
50. 帅五进一　前车退1
51. 帅五退一　后车平5
52. 仕六进五　车5进1
53. 帅五平六　车6进1（图61-5）

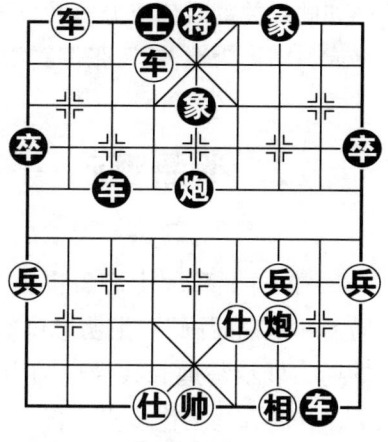

图61-4

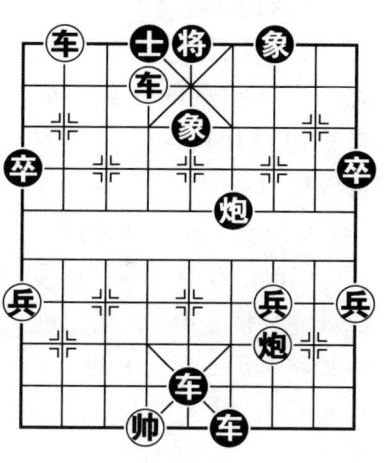

图61-5

连将13步，黑方胜。实战中出现这样的胜局，很是奇特。张健麟当局者迷，临场未能走出连杀令人可惜。"足球赛临门一脚，未鸣中鹄，则尽弃全功，虽万分惋惜亦无济于事。棋赛亦如此。关键时刻双方争胜负于一着，若误入歧途，乃致功败垂成，则更为遗憾。"张健麟如是说。

62. 举鼎观画——胡荣华对赵国荣

图 62-1 系《上海象棋》1992 年第 5 期的"排局欣赏"，局名"举鼎观画"，由明忠供稿。这是一则短小精悍的宽紧胜排局，展示马炮底兵借用帅力的攻杀技巧。红方首着突施冷手，其后兵马运作步步叫将，最终形成绝杀。

着法，红先胜：

1. 炮三平七

平炮七路，恰到好处，此为不易觉察的佳着。如果平炮到其它各点，红方均告负。

1. ………… 车 9 进 2

如改走车 9 平 3，则兵三进一，将 6 退 1，兵三进一，将 6 平 5，马五进六，将 5 平 4，马六进七，红方胜定。

2. 兵三进一　将 6 退 1
3. 兵三进一

进兵底线，红方马炮兵左右中三面围困黑将，形成三足鼎立之势，以此点题。

3. ………… 将 6 平 5

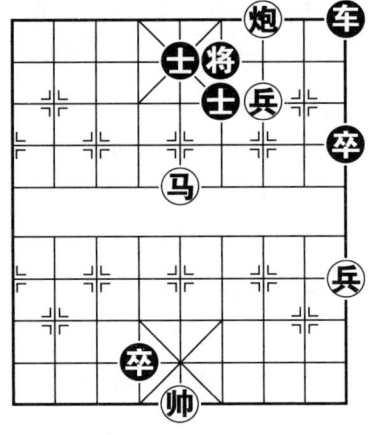

图 62-1

如改走将6进1，则炮七退一，士5退4，马五进六，红方胜。

4. 马五进六　将5平4
5. 马六进八　将4平5

如改走将4进1，则炮七平九，红方即将马后炮绝杀，黑方无解。

6. 兵三平四　将5平6
7. 马八进六（图62-2）马后炮杀，红胜。

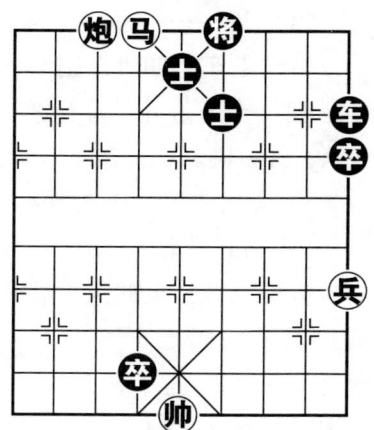

图62-2

图62-3是1982年10月1日哈尔滨"北方杯"国手赛中出现的局面，由上海胡荣华执红棋对黑龙江赵国荣弈完57回合形成。上一着黑方退象，准备再象5进7用炮打兵。枰面上黑将紧贴双士，踽踽于6路，所处的位置恰似"举鼎观画"一般，同样处于红方马炮底兵围困之中。红方此时突施冷手，其后巧妙运马，仅走三着即迫使黑方投子认输，着法细腻，耐人寻味。实战着法如下：

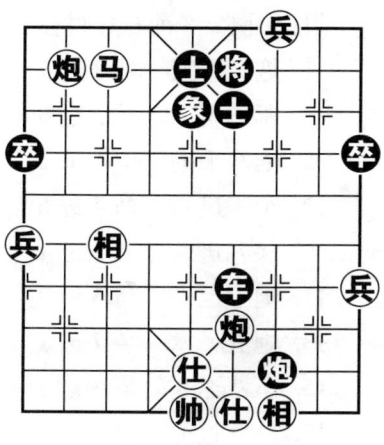

图62-3

58. 仕五进六

扬仕弃炮叫杀，一着定乾坤。

58. ……… 炮7平4

如改走车6进1，则马七退五，士5进4，马五进六杀，红方胜。

59. 马七退五　士5退4

60. 马五退七

精巧之着！至此黑方认负。以下如接走车6进1，则马七进六，士6退5，马六退五，将6进1，马五退三，红方胜(图62-4)。

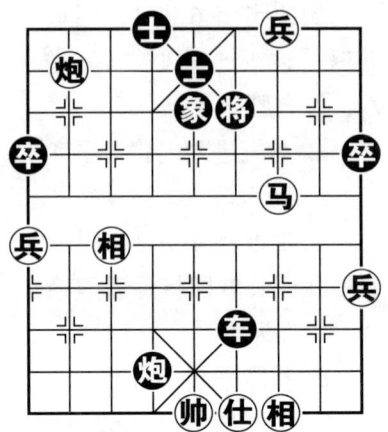

图62-4

附：图62-3前对弈过程

1. 炮二平五　马8进7　　2. 马二进三　车9平8
3. 车一平二　马2进3　　4. 马八进九　卒7进1
5. 炮八平七　车1平2　　6. 车九平八　炮2进2
7. 车二进六　马7进6　　8. 车八进四　象3进5
9. 兵九进一　卒3进1　　10. 车二退三　士4进5
11. 炮七退一　马6退7　　12. 车二进一　马7进6
13. 炮五平六　卒7进1　　14. 车二平三　马3进4
15. 车八退一　卒3进1　　16. 车三平七　马4进5
17. 马三进五　炮2平5　　18. 马五进四　车2进6
19. 车七进二　炮8进5　　20. 车七平五　车2退2
21. 马九进八　车8进4　　22. 炮六进三　车2进1
23. 车五退一　炮8进2　　24. 炮七平三　车2平6
25. 仕六进五　炮8平9　　26. 车五进二　象7进5
27. 炮六平二　士5进6　　28. 马四进六　士6进5
29. 马六进七　将5平4　　30. 炮二平六　车6平4

31. 马七退八	炮9平8	32. 炮三平二	将4平5
33. 相七进五	将5平6	34. 兵七进一	卒9进1
35. 兵三进一	车4进1	36. 炮二进五	车4平6
37. 炮二退四	车6退2	38. 炮六进一	象5退3
39. 马八进七	士5进4	40. 炮六平八	车6退1
41. 兵七进一	象3进5	42. 炮八平六	车6平5
43. 炮六退二	象5进3	44. 兵三进一	车5平6
45. 炮六平八	车6进2	46. 炮八进四	士6退5
47. 炮八退五	车6进1	48. 炮八进一	车6退1
49. 炮八退一	车6进1	50. 炮八进一	士5进6
51. 兵三进一	炮8退1	52. 兵三进一	士4退5
53. 兵三进一	炮8平7	54. 兵三进一	将6进1
55. 炮八进四	车6平8	56. 炮二平四	车8平6
57. 相五进七	象3退5		

63. 外弛内紧——刘殿中对言穆江

图63-1系北京名手王启宏发表于1963年3月24日《北京晚报》的一个棋局,系根据实战对局修改而成。初看此局似乎成和,但"这是一个外弛而内紧的棋局,由于黑马位置欠佳,红方有极为精妙的着法,可以获胜"。

着法,红先胜:

1. 兵九进一

要着!红方如走其他着法,黑方挺起1路卒后,即成和局。

1. ………… 马2退3 2. 马三退四 卒5进1

3. 仕四进五

准备下一手仕五进六，挡住黑马。

3. ………… 将5平6
4. 仕五进六

精妙。此时黑马已被囚禁，左突右冲无济于事。

4. ………… 马3退1
5. 相七进九 马1进3
6. 马四进二 马3进2
7. 相九退七 马2退3
8. 马二退三 马3进1
9. 相七进九 马1退3
10. 马三进一（图63-2）

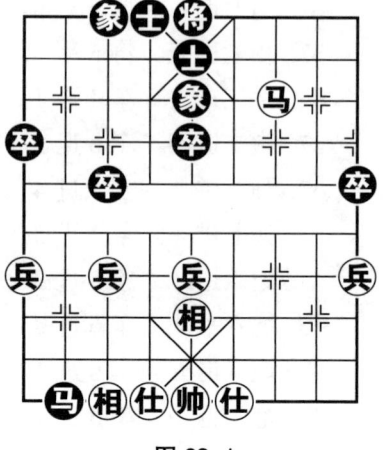

图63-1

此着红马吃边卒后，再陆续吃掉黑方5路和1路卒，成多兵稳胜局面。余着从略。

此局红方巧用仕相困马于绝境，再运马灭卒的战法，颇具意境，予人以启示。无独有偶，20年后的全国大赛上，竟然出现了与此十分相似的对局，战术运用与"内紧外弛"局完全一样。

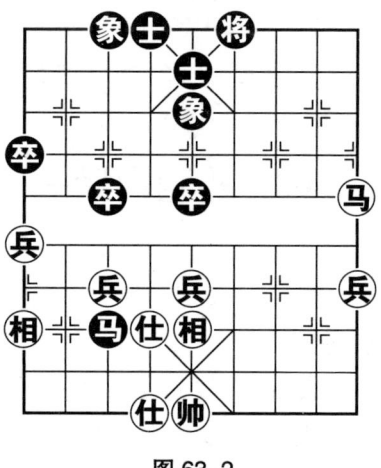

图63-2

图63-3是1982年12月13日成都全国个人赛中出现的局面，由河北刘殿中执红棋与江苏言穆江弈完39回合形成。黑马偏于一隅，恰似"外弛内紧"局势。由于上一手黑方随手退象捉兵失误，红方抓住

战机当仁不让,一场精彩表演,令人大饱眼福。实战着法如下:

40. 前兵进一　　士4进5
41. 兵一进一

好棋,获胜要着。由此可看出如图63-3前黑方退象捉中兵乃随手棋。假使当初先走卒9进1,然后再退边象消灭红方中路前兵,必成和棋。

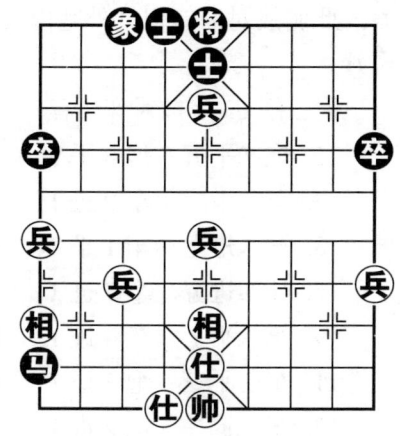

图 63-3

41. ………　　马1退3
42. 仕五进六

妙手!支仕挡马路,使黑马出头之日遥遥无期。此着与上着构思,与"外弛内紧"完全相同。

42. ………　　将5平6
43. 兵五进一　　将6进1
44. 兵五进一　　士5进4
45. 仕六进五　　士4退5
46. 兵五平四　　将6退1
47. 兵四平三　　将6进1
48. 兵三平二　　将6退1
49. 兵二平一　(图63-4)

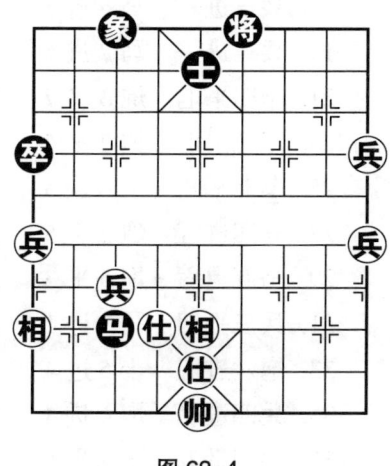

图 63-4

至此黑方1路卒也将被消灭,红方四兵必胜黑方孤马单士象。以后黑马解脱被困之际,已是红方兵临城下之时。余着从略。此实战对局有似"外弛内紧"局的"克隆",如此巧合真奇妙。

附:图63-3前对弈过程

1. 炮二平五　炮8平5　2. 马二进三　马8进7
3. 车一平二　车9进1　4. 炮八平六　马2进3
5. 马八进七　车1平2　6. 车九平八　车9平4
7. 仕四进五　卒7进1　8. 车八进五　卒3进1
9. 车八平七　车4进1　10. 车二进四　象3进1
11. 车七平三　炮5退1　12. 车二进四　炮2退1
13. 车二退一　炮2进1　14. 车三退一　车4平6
15. 车三平八　马3进4　16. 车八平六　马4进6
17. 兵三进一　马6进5　18. 相三进五　炮5平3
19. 兵三进一　马7进6　20. 车二平四　马6进4
21. 车四平七　炮3平7　22. 车七平三　炮7平3
23. 车三平七　炮3平7　24. 车七退三　马4进3
25. 车七平八　士6进5　26. 马三进四　车2进1
27. 马四进五　炮2平5　28. 车八平四　车2进2
29. 马五退六　炮5平3　30. 兵九进一　象7进5
31. 兵三平四　马3进1　32. 相七进九　炮3平4
33. 炮六进五　士5进4　34. 兵四进一　炮7平4
35. 兵四进一　炮4平4　36. 车四平六　士4退5
37. 兵四平五　车2平5　38. 车六平五　车5进2
39. 后兵进一　象1退3

64．困马脱缰——上海表演赛对局

图64-1系发表于《象棋》1961年第10期的"棋局测验"，排拟者为庞小予。当年局图有马一方是黑子，为黑方先行。原注："这局原是一盘实战残局。当时黑方没有边象，黑马正被红帅缚住，成为和局。现加一象，黑方可胜。"现依时下惯例，置换红黑棋子，易为红方先行。

乍看此局，红马被黑将贴死，如果轮黑方行棋只要炮1退2，再平炮打马即成和局。但现在当由红方走子，可调动边相参战以使困马脱险。着法细腻曲折，耐人寻味。且看困马如何脱缰。

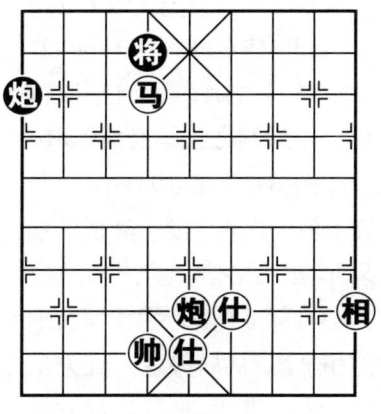

图64-1

着法，红先胜：

1. 炮五平七

运炮，准备退底线。

1. ………… 炮1退2

针锋相对，准备射马。

2. 炮七退二　炮1进2
3. 炮七平六　炮1进1

防止红方仕五进六而使马解困，可炮1平4照将仍困住红马。

4. 帅六进一　炮1进4

防止红方帅六平五，再仕五进六的杀着。

5. 相一退三　炮１平２
6. 相三进五　炮２平１
7. 相五退七　炮１平２
8. 仕五退四　炮２平３
9. 仕四退五　炮３平２
10. 帅六退一　炮２退１
11. 仕五进六　炮２平４
12. 帅六平五

制胜妙着！躲帅弃炮，反陷黑炮于困境。

12. …………　炮４进３
13. 马六进八（图64-2）

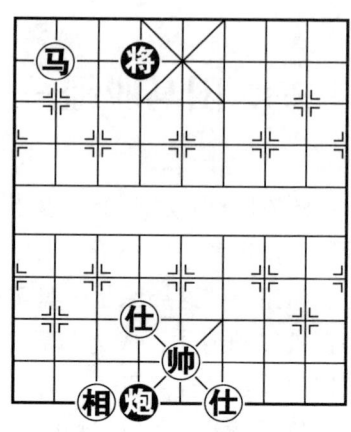

图 64-2

红马脱困，黑炮坐以待毙。以后红方独马必擒孤将。

图 64-3 是 1983 年元旦在上海一次表演赛上弈成的残局形势，见诸《象棋研究》1983 年第 4 期徐小弟撰写《炮炮相争》。从局势看，红方虽多仕相，但兵种不及对方优越。现在黑马咬红兵，红方若逃兵，纠缠下去将有所顾忌。那么，红方怎样才能出奇制胜呢？实战着法如下：

1. 后炮平四

送炮，逼黑炮陷入绝地。佳着！

1. …………　炮６进６

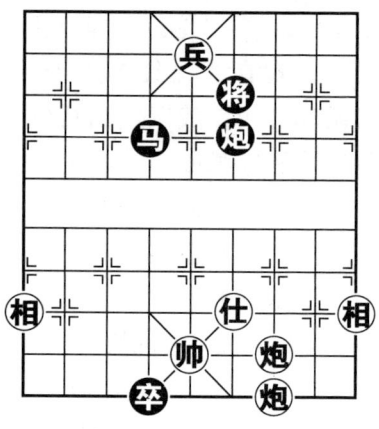

图 64-3

如改走马 4 进 5，则炮四进六，将 6 平 5，兵五平六，将 5 平 4，炮四平二，将 4 退 1，炮二退六，马 5 进 6，相一退三，卒 4 平 5，帅五进一，马 6 退 8，炮三平四，红方胜。

2. 炮三平四　马 4 进 6　　3. 相一退三

又一妙着，恰似"困马脱缰"局中技巧。

3. …………　炮 6 平 5

无可奈何之着。如改走炮 6 退 2，则相一进三，炮 6 退 1，炮四进一，炮 6 退 1，炮四进一，卒 4 平 3，相九退七，黑方欠行，红方胜。

4. 兵五平四

送兵，再施妙手，此为关键之着。

4. 炮 5 平 6

如改走将 6 退 1 吃兵，则红炮吃马后归家，利用仕做炮架成杀。

5. 兵四平三　卒 4 平 3
6. 帅五退一　炮 6 退 2
7. 相九退七　炮 6 退 1
8. 炮四进一　炮 6 退 1
9. 炮四进一（图 64-4）

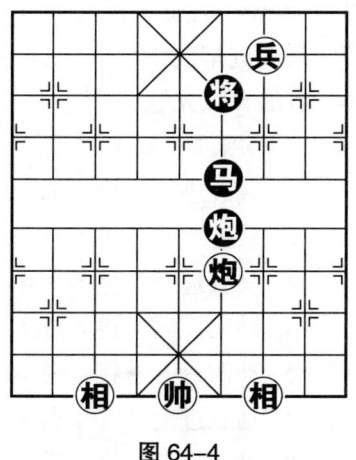

图 64-4

红方拴链黑方炮马将三子，炮炮顶牛终于获胜。在短短的几个回合中，红方运用了弃子、困子、拴链等技巧，将"困马脱缰"中的困炮战术和"顶顶炮局"（见本书第 47 则）中的进逼战术，融合体现得淋漓尽致，十分精彩。

65. 人字形局——吕钦对李来群

图 65-1 系上海文化出版社 1992 年 5 月版仇国良编著《中国象棋趣味局》中"人"字排局。本局红兵连进三步，为车马照将开道。其后迫使黑方填车做炮架，再起马连照，最后进车成杀。

着法，红先胜：

1. 兵五进一　将 5 退 1
2. 兵五进一　将 5 退 1
3. 兵五进一　将 5 进 1
4. 马五进三　将 5 平 4
5. 马三进四　将 4 进 1
6. 马四退五　将 4 退 1
7. 马五进七　将 4 退 1
8. 马七进五　将 4 进 1
9. 马五进四　将 4 退 1
10. 炮二进九　车 7 退 8
11. 马四退五　将 4 进 1
12. 马五退七　将 4 进 1
13. 车五进四（图 65-2）

高钓马杀，红胜。

上面这则字形棋局，由

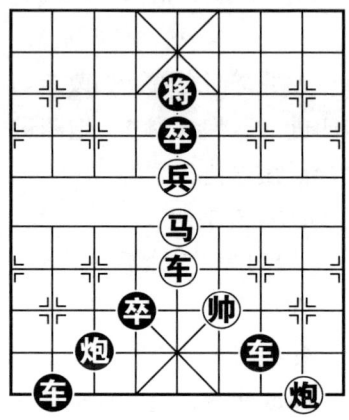

图 65-1

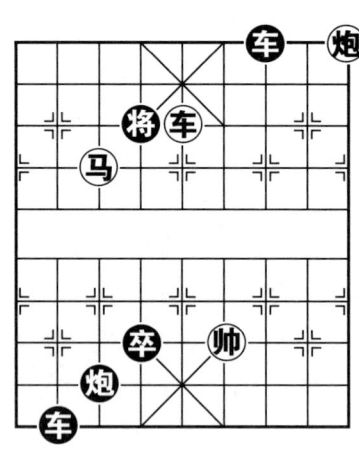

图 65-2

于棋子定位的限制，创作起来有一定的难度，在排局中比较稀奇。若在实战对局着法中出现字形，绝少可见，更为新奇。这种局势在浩如烟海的全国赛对局中，就笔者所见一例，姑且录之。

图 65-3 是 1983 年 6 月 6 日哈尔滨全国团体赛中出现的局面，由广东吕钦执红棋对河北李来群弈完 26 回合形成。上一着黑方挺起 7 路卒，棋盘

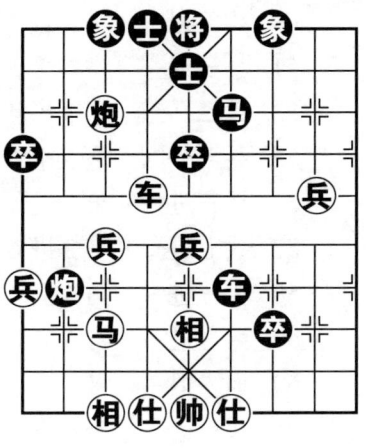

图 65-3

上赫然出现十分工整的"人"字形——由黑方士角马至红方九路边兵为一撇，由红车至黑 7 路卒为一捺。天然巧合，十分有趣。一个回合后，字形宛若昙花一现不复存在。这一奇观异常罕见。对弈结果，红方胜。实战着法如下：

27. 兵二平三	卒 5 进 1	28. 兵三进一	马 6 进 7
29. 兵五进一	马 7 进 8	30. 仕六进五	车 6 退 4
31. 炮七退一	炮 2 退 4	32. 炮七平五	将 5 平 6
33. 炮五平四	将 6 平 5	34. 马七进五	炮 2 平 4
35. 仕五进六	卒 7 平 6	36. 马五进三	车 6 平 8
37. 兵三平二	车 8 平 9	38. 炮四平三	卒 6 进 1
39. 车六退二	卒 6 进 1	40. 帅五平四	马 8 退 6
41. 车六平一	车 9 进 4	42. 马三退一	炮 4 平 6
43. 帅四平五	马 6 进 8	44. 帅五进一	炮 6 平 1
45. 马一进二	炮 1 进 4	46. 马二进四	卒 1 进 1
47. 马四进三	将 5 平 6	48. 炮三进三	炮 1 平 5

49. 相五退三　卒1进1　50. 炮三平一　卒1平2
51. 马三退一　将6平5　52. 兵七进一　卒2平3
53. 兵二平三　卒3平4　54. 兵三进一　卒4平5
55. 兵五平四　炮5平6
56. 兵三进一　士5进4
57. 兵七进一　马8进6
58. 相三进一　马6退4
59. 兵七进一　将5进1
60. 炮一退一　将5退1
61. 兵三进一　士4进5
62. 炮一退一　士5退6
63. 马一进三　将5平4
64. 兵三平四　将4进1
65. 兵七进一（图65-4）

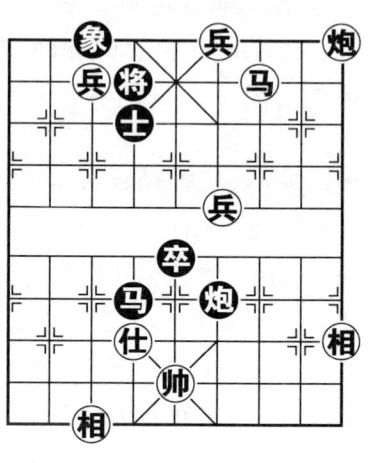

图 65-4

红方马炮兵连杀胜。

本局另一奇观：红方一路边兵"匍匐"前进，时左时右，竟然达到对方底线进入九宫，为最后生擒老帅立一大功。

附：如图65-3前对弈过程

1. 炮二平五　马8进7　2. 兵七进一　卒7进1
3. 马二进三　马2进3　4. 马八进七　炮2进2
5. 车一进一　象7进5　6. 兵五进一　士6进5
7. 马七进五　车9平6　8. 车九进一　马7进6
9. 车一平二　炮8平7　10. 车九平四　马6进7
11. 车四进八　士5退6　12. 车二进六　马7进5
13. 相三进五　炮7进5　14. 炮八平三　车1进1
15. 炮三平一　车1平6　16. 炮一进四　车6进5
17. 马五退七　马3退5　18. 炮一平七　马5退7

19. 车二退一　炮2退1　　20. 车二退五　马7进6
21. 炮七进一　象5退7　　22. 车二平六　炮2进3
23. 兵一进一　士6进5　　24. 兵一进一　卒7进1
25. 车六进四　卒7进1　　26. 兵一平二　卒7进1

66. 渴骥饮泉——吕钦对刘殿中

图66-1系《适情雅趣》中"渴骥饮泉"局。红方车马炮两翼围困将门，而红方帅府也被黑子包抄。红方如何快速制胜，确实需要妙手。

着法，红先胜：

1. 马七退五

原谱仅此一着，即判红胜。以下黑方三种应法，均难逃败局。其变化如下：

一、炮5退2，则车二退一闷杀；二、将6平5，

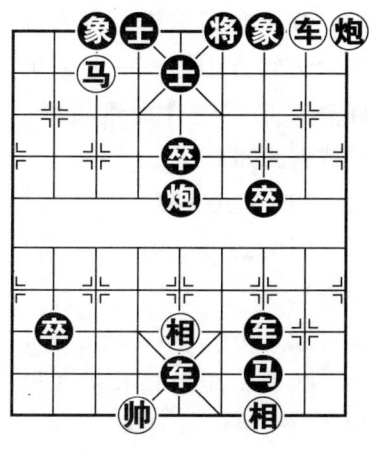

图 66-1

则车二平三，士5退6，马五进三，将5进1，炮一退一马后炮杀；三、卒2平3，则车二平三，将6进1，马五退三，将6进1，车三退二，将6退1，车三进一，将6进1，车三平四高钓马杀。（图66-2）

徐家亮先生在诠注本《适情雅趣》中有言："此局展示车马炮联攻士象全局面中的巧妙杀法。退马一着决定命运，黑方虽有双车双马，无所施其技。此种杀法如不熟记心中，实战

遇见时，每多失之交臂，错失良机。"

图66-3是1984年12月3日广州全国个人赛中出现的局面，由广东吕钦执红棋对河北刘殿中弈完21回合形成。此时红车捉马，明为防止黑马进4踏双后拨掉中炮，暗则巧布杀机。黑方及欲除去红方中炮，一时未加详查，果然中计而遭败绩。实战着法如下：

22. 车五平四

明为逐马，暗伏妙杀，佳着！

22. ………… 马6进4

败着，应走马6进5较好。

23. 车四进三

弃车杀士，气势非凡！

23. ………… 将5平6

24. 马三进五

马踏中象，渴骥饮泉，妙！

24. ………… 炮3进1

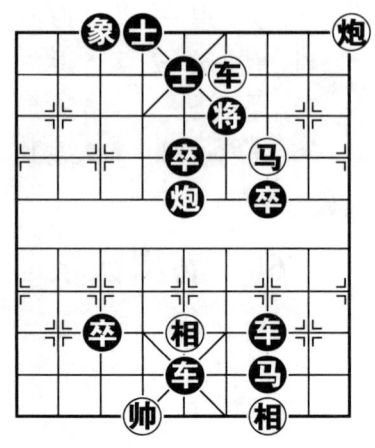

图66-2

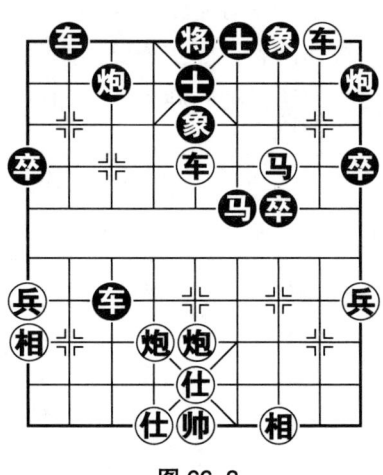

图66-3

如改走马4进5，则车二平三，将6进1，马五退三，将6进1，车三退二，将6退1，车三平二，将6退1，车二进二，红方胜。

25. 马五退三　炮 3 平 7
26. 车二平三　将 6 进 1
27. 车三退二（图 66-4）

至此，红方高钓马成势，与"渴骥饮泉"局第三种杀法完全相同。黑方无计可施，认负。

附：如图 66-3 前对弈过程

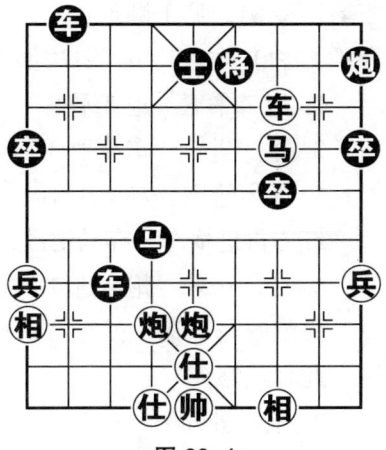

图 66-4

1. 炮二平五　马 8 进 7
2. 马二进三　车 9 平 8
3. 兵七进一　炮 8 平 9
4. 马八进七　士 4 进 5
5. 兵三进一　卒 3 进 1
6. 兵七进一　车 8 进 4
7. 兵七进一　象 3 进 5
8. 车一平二　车 8 平 3
9. 马七进六　马 2 进 4
10. 炮八平六　马 4 进 3
11. 车九平八　炮 2 平 3
12. 车八进六　马 3 进 5
13. 相七进九　马 5 进 7
14. 仕四进五　卒 7 进 1
15. 马三进四　车 1 平 3
16. 车二进四　车 3 平 2
17. 马四进三　炮 9 退 1
18. 车二进四　前马进 5
19. 马六进五　马 7 进 5
20. 车八平五　炮 3 退 1
21. 车二进一　马 5 退 6

67．肋道弃车——高华对戴荣

古代象棋全局谱《金鹏十八变》有一个著名的"舍马十

三着"变例,见于顺炮横车对直车中,明代徐芝编著《适情雅趣》将其收入其中。着法如下:

1. 炮二平五　炮8平5　2. 马二进三　马8进7
3. 车一进一　车9平8　4. 车一平六　车8进6
5. 车六进七　马2进1　6. 车九进一

红方再进横车,弃马诱敌,佳着!

6. ………… 炮2进7

黑炮吃马。谱中另有"不食弃马局",变化结果也是红方胜,此处从略。

7. 炮八进五

弃马后的有力续着。此后红方攻杀犀利,堪称典范。

7. ………… 马7退8

此着退马造成速败,辑著者以此显示红方的精妙入局杀法。原谱中此时黑方另有炮2退2、车8平7、车8退4、士6进5几种变化,其结论仍然是红方胜。因不属本书局例,故从略。

8. 炮五进四　士6进5
9. 车九平六　将5平6
10. 前车进一

车砍底士,凶着。黑方已无法招架。

至此如图67-1,且看谱着:

10. ………… 士5退4

如改走将6进1,则前车退一,炮5平6(若炮5平7,则后车平四,炮7平6,炮八平五,车8退4,车

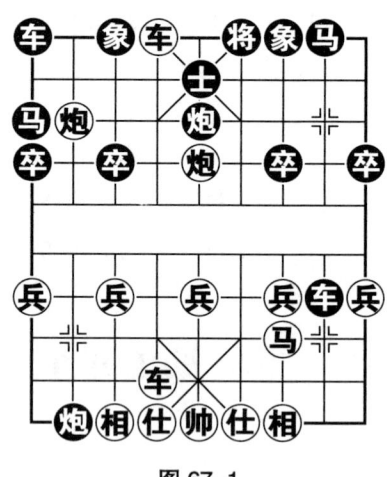

图 67-1

六平五，将6退1，后炮平四，炮6进6，炮五平四，红方胜)，炮八平五，将6退1，后炮平四，炮6平8，前车平五，象3进5，车六平四，炮2退7，炮四进一，红方胜。

11. 车六平四　炮5平6
12. 车四进六　将6平5
13. 炮八平五（图67-2）重炮杀，红方胜。

图67-3是1985年4月8日西安全国团体赛中女子对弈出现的局面，由安徽高华执红棋对江苏戴荣弈完11回合形成。由于黑方反攻贪利，疏于防范，结果被红方以凌厉的杀法入局，显示出女将对古局运用之娴熟。实战着法如下：

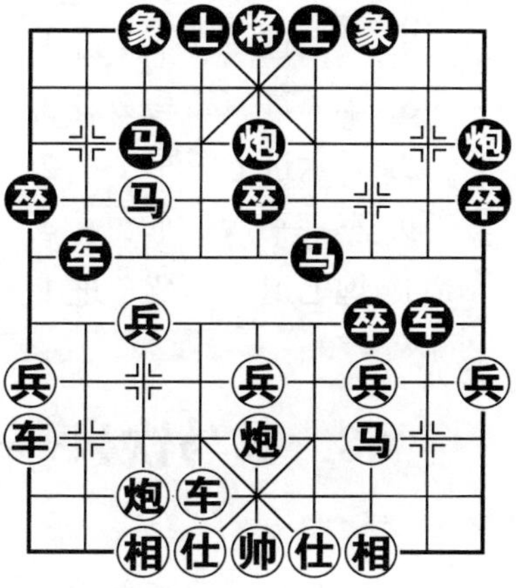

12. 车九平六　卒7进1

黑方进卒攻马，败着。此时当走士6进5，以后红方杀法化为乌有。

13. 马七进五　马6退5

黑方退马即成败局。如改走象7进5，则炮五进四，士6进5，炮七进六，将5平6，黑方虽少子处于劣势，但不至于立败。

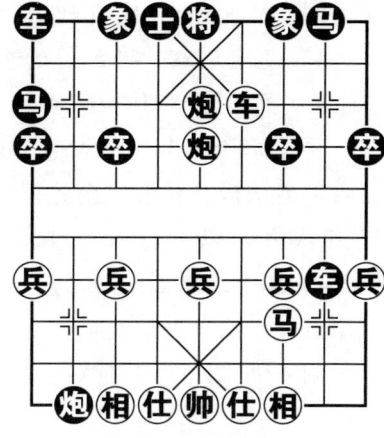

图67-2

图67-3

14. 炮五进四　士6进5
15. 炮七进六　将5平6
16. 前车进七（图67-4）

弃车杀士，与"舍马十三着"着法极其相似。至此，黑方认负。以下将6进1，则前车退一，马5进7，炮七平五，再前车平五绝杀。

附：如图67-3前对弈过程

1. 炮二平五　马8进7
2. 马二进三　车9平8
3. 兵七进一　卒7进1
4. 马八进七　炮2平5
5. 车一进一　马2进3
6. 马七进六　炮8平9
7. 马六进七　车1平2
8. 炮八平七　马7进6
9. 车一平六　车2进4
10. 车九进二　车8进5
11. 炮七退一　卒7进1

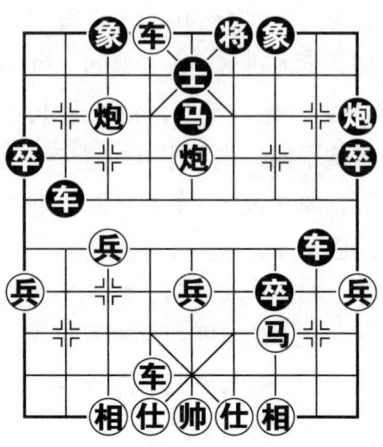

图67-4

68. 双马饮泉——黄勇对于幼华

图68-1系《适情雅趣》中"双马饮泉"局。红方牺牲一兵，引离黑将出中宫，然后双马回环跳跃构成杀局，以此喻为"双马饮泉"。后来将凡是双马盘旋相互运作擒敌将的杀法，皆称之为"双马饮泉"。

着法，红先胜：
1. 马八进六

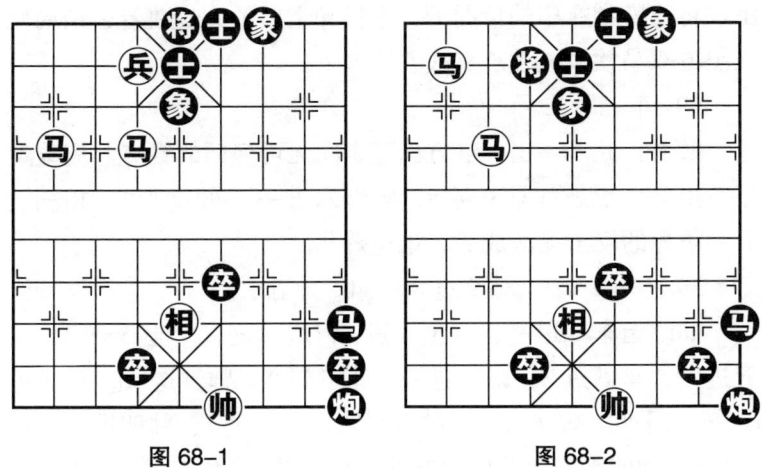

图 68-1　　　　　图 68-2

原谱仅此一着即判红胜。以下着法是：

1. ………… 卒 9 平 8　　2. 兵六进一　将 5 平 4

3. 前马进八，将 4 平 5

如改走将 4 进 1，则马六进八，红速胜。

4. 马六进七　将 5 平 4

5. 马七退五，将 4 进 1

如改走将 4 平 5，则马五进三，红胜。

6. 马五退七　（图 68-2）

图 68-3 是 1985 年 9 月 29 日南京全国个人赛中出现的局面，由河北黄勇执红棋对浙江于幼华弈完 38 回合形成。本局战况紧张激烈，一波三折。此时红方在车马炮

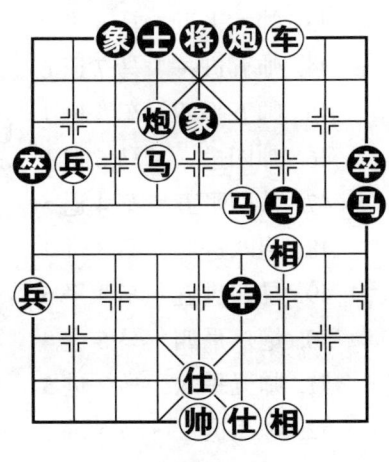

图 68-3

围攻将府胜利在望的情况下，不料却走出了一步败着，结局反被黑方双马饮泉成杀。实战着法如下：

39. 车三平二

败着！此着一出，红方已经走向无可挽回的终点。应改走车三退一，黑方如马9进8，则炮六进一，车6平3，相三进五，黑方的反击无法成势，难免败北。

39. ………… 马9进8   40. 帅五平六

如改走车二退一，则士4进5，炮六进一，士5进4，仕五进六，车6进3，帅五进一，车6退1，帅五退一，马8进6，车二平四，车6平7，帅五平四，车7进1，帅四进一，马6进4，帅四平五（若仕六退五，马4退5，相三退五，马7进9，仕五进四，车7平5，黑方胜），车7退1，帅五退一，马4退6，帅五平四，马6退7，帅四平五，前马进6，帅五平四，马6进4，帅四平五，马7进6，黑方胜。

40. ………… 士4进5   41. 炮六平八 车6平4
42. 仕五进六   车4进1
43. 帅六平五   马8进7
44. 帅五进一   马7退6
45. 帅五平四   车4进1
46. 帅四进一   马6退5
47. 帅四平五   车4退1
48. 炮八进二   象3进1
49. 马四进五   车4平5
50. 炮八平四   马5进4
51. 帅五平六   马7进5
52. 帅六退一   马5进3
53. 帅六退一   马3进2

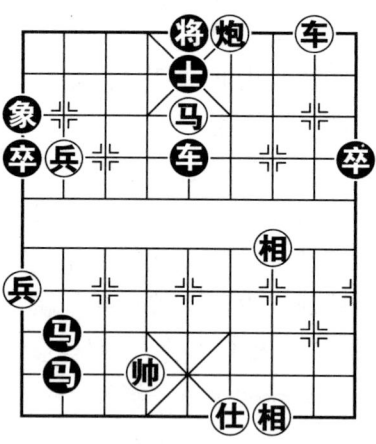

图68-4

54. 帅六进一　马4进2（图68-4）

黑方双马饮泉胜。

附：如图68-3前对弈过程

1. 炮二平五	马2进3	2. 马二进三	卒7进1
3. 车一平二	炮8平6	4. 炮八平六	马8进7
5. 马八进七	车1进1	6. 车九平八	车1平4
7. 仕六进五	士6进5	8. 车二进六	马7进6
9. 车二平四	马6进7	10. 炮五进四	马3进5
11. 车八进七	象7进5	12. 车八退一	马5退3
13. 车八平七	车9平7	14. 相七进五	车4进3
15. 兵七进一	卒7进1	16. 车四平三	车4平7
17. 车三进二	车7退4	18. 马七进六	卒7平6
19. 兵七进一	车7进4	20. 兵七平八	卒6平5
21. 兵五进一	马7退5	22. 马三进五	车7进2
23. 马五退七	车7平9	24. 兵八进一	士5退6
25. 炮六退二	车9平4	26. 炮六平八	马5退7
27. 相五进三	马3退5	28. 炮八进五	马5退7
29. 炮八平六	车4平8	30. 马六进四	士6进5
31. 马七进五	车8平6	32. 车七平三	后马进8
33. 车三平二	马8退7	34. 马四进六	炮6退1
35. 车二平三	后马进8	36. 马五进四	士5进4
37. 炮六进二	马8进9	38. 车三进三	炮6退1

69. 二郎搜山——阎天平对钟金生

图69-1系《适情雅趣》中"二郎搜山"局。这是马底兵

禁困马士象全的巧胜棋例，布子奇巧，命题贴切，着法明快，诚属古局中的珍品，历来为人称道。

着法，红先胜：

1. 马一进二　将6进1
2. 兵七进一　士6退5
3. 相三进一　卒3进1
4. 相七进九　卒7进1
5. 帅五退一

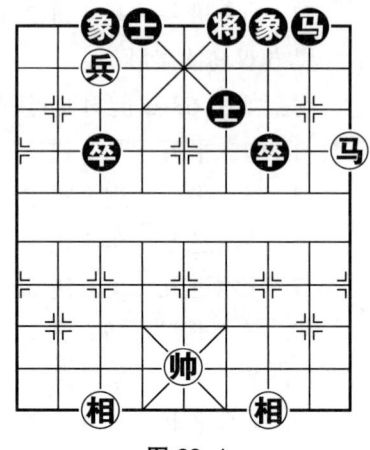

图 69-1

良好的等着。至此黑方只有士可动，红兵乘机横扫底线。

5. …………　士5进4
6. 兵七平六　士4退5
7. 兵六平五　士5进4
8. 兵五平四　士4退5
9. 兵四平三　士5进4
10. 兵三平二　士4退5
11. 兵二平三　士5进4
12. 兵三平四　士4退5
13. 兵四平五　士5进4
14. 马二退一　（图 69-2）

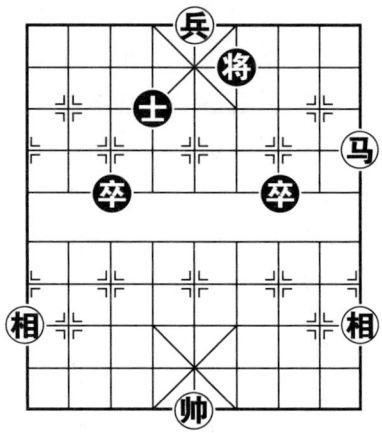

图 69-2

原谱到此判为红胜。以后黑方如走士4退5，则马一退三，士5进4，马三进二，将6进1，马二进三，将6退1，帅五进一，士4退5，马三退五吃士胜。红方除原谱此着马二退一外，若走马二退三，则将6进1，帅五平六，士4退5，帅六进一，士5进4，马三退五叫将吃士，红亦胜。

图69-3是1986年湖南省长线系统首届"劳动杯"棋赛决战中的一个残局，由岳阳阎天平执红棋对零陵钟金生，见诸《北方棋艺》1986年第11期吴长庚撰写《错跳一马顿失奇葩》。此时轮红方行棋。前5回合判断准确，马兵协调已显胜势，可惜随之一步败着，唾手可得化为乌有，反胜为败，令人扼腕。其实在此局面时，红方的胜利途径是：先将黑方所有子力禁锢，随后逐个歼灭，恰如"二郎搜山"一般妙不可言。且看着法：

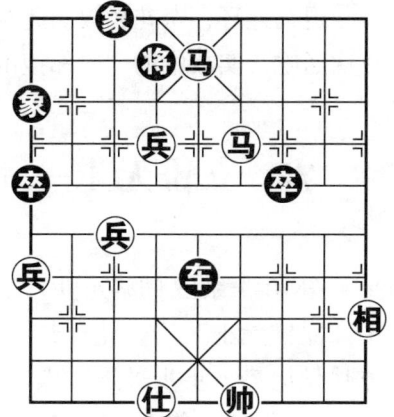

图69-3

1. 兵六进一　将4退1
2. 马五退七　将4平5
3. 马四进三　将5进1
4. 兵六平五　将5平4
5. 兵五进一　将4进1
6. 马三退四

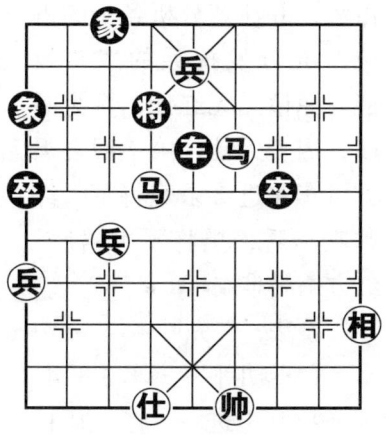

图69-4

退马，佳着！在实战中此时红方走马七退六，实乃败着，可能系临场情绪紧张所致，被黑方车5退5吃兵立即告负。

6. ………　车5退3　　7. 马七退六（图69-4）

退马连环，奇花顿放。此时黑方六子皆被禁锢，以下只有逐次送吃，实战中的"二郎搜山"即呈眼前，红方胜。

70. 立锥无土——王想林对万福初

图 70-1 系《韬略元机》中"立锥无土"局。此局红方兵仗炮势，步步进逼，黑将走投无路，终于束手就擒，体现了棋战的要略重在占势，并注意分析各子的占位，充分发挥兵的战斗效能。原谱图无红仕，疑为漏印，因若无仕，第 2 回合黑方可车 4 进 2 杀炮将军，红帅吃车后，黑将平中路后，红方杀局难成。

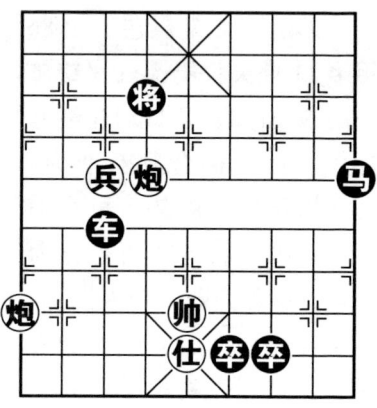

图 70-1

着法，红先胜：

1. 炮九平六　车 3 平 4
2. 兵七进一　将 4 退 1
3. 兵七平六　车 4 退 1
4. 兵六进一　将 4 退 1
5. 兵六进一（图 70-2）

红兵进逼，一举擒王，此杀法称"太监追皇帝"。

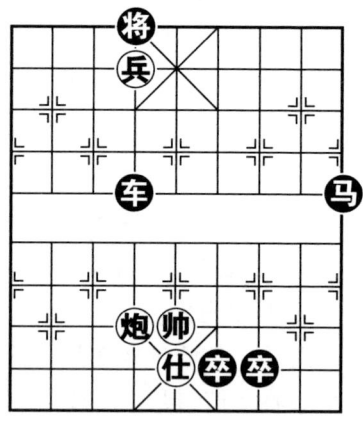

图 70-2

图 70-3 是 1986 年 11 月 23 日湘潭全国个人赛中出现的局面,由湖北王想林执红棋对湖南万福初弈完 33 回合形成。面对黑马捉车,红方走出车吃底象着法,不意被黑方趁势出将、弃车,最后演变成与"立锥无土"相仿的杀势,独卒直捣黄龙。实战着法如下:

34. 前车进五　将 5 平 6

出将明为退象吃车,暗伏弃车入局。

35. 前车退三　前车进 3

弃车杀仕,着法凶悍,魄力非凡!

36. 马五退四　车 6 进 6
37. 帅五进一　马 5 进 7
38. 帅五平六　卒 5 进 1
39. 后车平三　卒 5 平 4
40. 车七平六　车 6 退 2
41. 炮七平九　卒 7 进 1

好棋,迫使黑车离开兵线,构成绝杀。

42. 车三进一　车 6 平 4

黑方再度弃车,伏独卒擒王杀着,引人入胜!至此红方认输。以下红方只有帅六进一,则卒 4 进 1,帅六退一,卒 4 进 1(图 70-4),黑方胜。

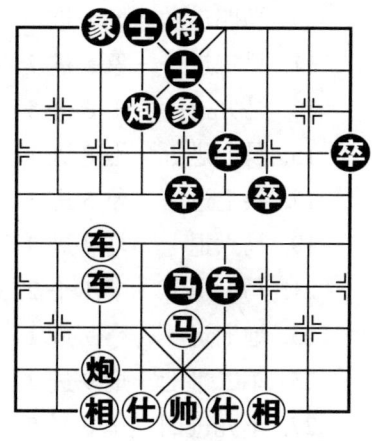

图 70-3

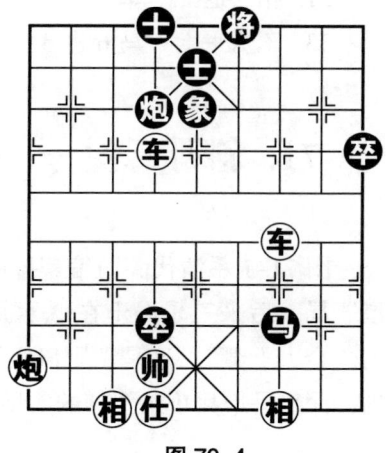

图 70-4

附：如图70-3前对弈过程

1. 炮二平五　马8进7　　2. 兵三进一　车9平8
3. 马二进三　卒3进1　　4. 车一平二　马2进3
5. 马八进九　象7进5　　6. 车九平一　卒1进1
7. 炮八平七　马3进2　　8. 马三进四　车1进3
9. 马四进六　炮8进1　　10. 炮七平六　卒1进1
11. 兵三进一　象5进7　　12. 车二进四　卒1进1
13. 马九退七　士6进5　　14. 炮五平四　卒5进1
15. 马七进五　炮8进1　　16. 兵七进一　象7退5
17. 兵七进一　象5进3　　18. 炮六平七　象3退5
19. 马六退七　马2进3　　20. 马五进七　车1平6
21. 马七退五　卒1平2　　22. 炮四平一　炮2平3
23. 炮七退一　卒7进1　　24. 炮七平三　炮8平9
25. 车二平七　炮9进3　　26. 相三进一　炮3平4
27. 车九进四　车6平5　　28. 车九平八　车8进6
29. 车八退二　车8平9　　30. 炮三平五　车5平8
31. 相一退三　车9平6　　32. 炮五平七　马7进8
33. 车八平七　马6进5

71. 斜月三星——赵国荣对杨官璘

图71-1系清代薛丙编著排局谱《心武残编》中"斜月三星"局，后来三乐居士在《百局象棋谱》中亦收入此局，易名"金人七燕"。这是一则以大胆兵（兵卒坐宫心）杀法为基础，深得马炮兵攻杀要领的实用性棋局。

着法，红先和：

1. 车五进一

弃车是解除危险的关键着法。如改走仕四退五，黑方有妙法取胜，其变化如下：马3进2，帅六平五，炮9平5，仕五退六，马2退3，帅五平六，卒4平5，仕六进五，马3进2，帅六退一，炮5平1，再退炮杀，黑方胜。

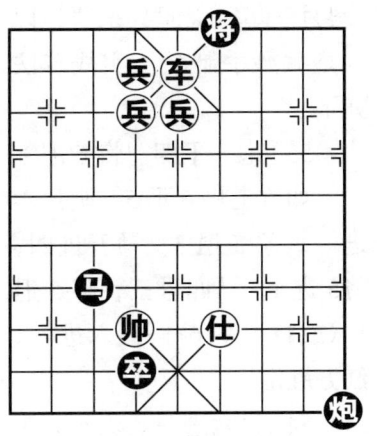

图 71-1

1. ………… 将6平5
2. 仕四退五　炮9平5

如改走将5平6，则兵五平四，炮9平5，前兵平五，炮5退8，兵六进一，以后仍为和局，着法与正变相同。

3. 前兵平五　将5平6
4. 后兵平四　炮5退8
5. 兵六进一　马3退5
6. 帅六退一　马5退4
7. 兵六平五　马4退6

(图 71-2)

红方有一兵，黑方无法取胜，和棋。

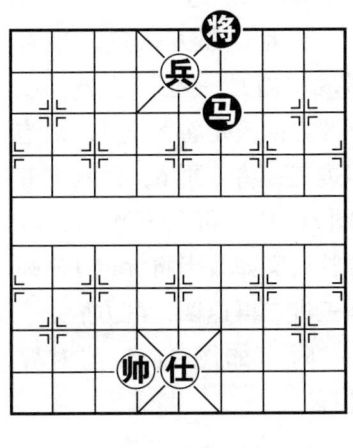

图 71-2

图 71-3 是 1987 年 11 月 30 日弈于广东省番禺县第六届全运会象棋团体决赛出现的局面，由黑龙江赵国荣执红棋对广东杨官璘弈完 52 回合形成。此时已近尾声，结果红方运用了

"斜月三星"大胆兵杀法,以马炮兵妙手制胜。实战着法如下:

53. 炮一平四　将6进1

如改走将6平5,则兵六进一,象5退3,马五进四,将5进1,马四进三,将5退1(或将5平6),兵六进一,红方胜定。

54. 兵六进一　象5退3
55. 马五进三　将6平5
56. 兵六进一

至此,黑方认负。现在形成"斜月三星"杀势,以下黑方如改走将5进1,则炮四进三,将5平6,兵六平五(图71-4),再兵五平四,红方胜;又如改走将5退1,则马三进二再退四,红方胜。

附：如图71-3前对弈过程

1. 兵七进一　炮8平5
2. 马二进三　马8进7
3. 车一平二　车9平8
4. 炮二进四　卒7进1
5. 炮八平五　马2进1
6. 马八进七　车1平2
7. 车九进一　炮2进6
8. 炮二平三　士6进5
9. 车二进九　马7退8
10. 兵九进一　象7进9

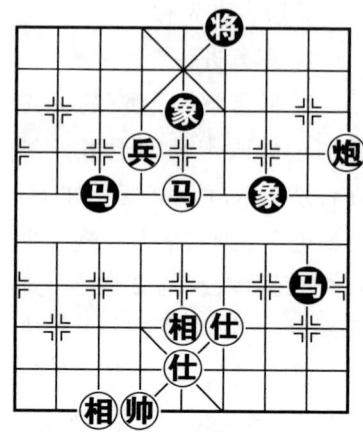

图71-3

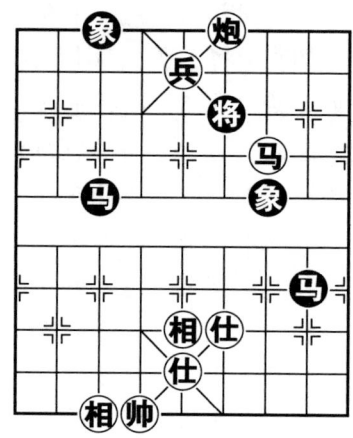

图71-4

11. 炮五平四	马8进7	12. 相三进五	车2进4
13. 仕四进五	炮2退1	14. 车九进二	卒5进1
15. 炮三平九	卒5进1	16. 兵九进一	车2平5
17. 兵五进一	车5进1	18. 马三退四	车5平6
19. 车九平五	炮2退6	20. 马七进九	士5进4
21. 马四进二	车6平8	22. 马二退四	车8平6
23. 马九进八	炮2进2	24. 马四进三	马7进5
25. 车五平六	士4进5	26. 马八退九	马5退7
27. 车六平五	卒3进1	28. 兵三进一	车6退5
29. 车五进一	炮2平5	30. 车五平四	车6进5
31. 马三进四	卒7进1	32. 马四进六	前炮进1
33. 兵九平八	卒7平6	34. 兵七进一	卒6进1
35. 炮四平一	马7进8	36. 马九进七	前炮退1
37. 兵八进一	前炮平1	38. 兵八平九	马1退3
39. 兵七进一	炮5进1	40. 炮一进四	马8进9
41. 马七进五	卒6进1	42. 兵七平六	炮5退1
43. 兵六进一	士5进4	44. 马五进六	将5平6
45. 后马进五	象3进5	46. 仕五进四	马3进4
47. 仕六进五	象9进7	48. 兵九平八	马9进7
49. 兵八平七	马4进5	50. 马六退五	马7退6
51. 兵七平六	马6进8	52. 帅五平六	马5退3

72. 中路困杀——胡明对黄玉莹

图 72-1 系清代傅万钟编著《棋谱秘录》中 "坤六十四局"。红方先在左右两翼攻杀，随后弃车，末后一着用炮照将，

黑方中象四处难飞，老将在原位困毙。这是以炮困杀于中路的典型局例。罕见绝杀，令人赞叹。

着法，红先胜：

1. 炮一进五　炮7退2
2. 兵六进一　士5退4
3. 车六进四

弃车，精妙！引离黑将离位，以后可移车开通炮路造成杀局。

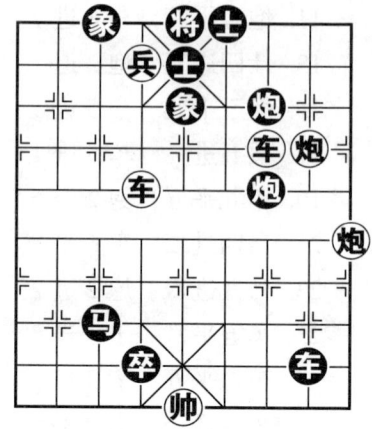

图 72-1

3. …………　将5平4
4. 车三平六

弃车后必然之着，塞象眼伏杀。

4. …………　将4平5
5. 炮二平五（图72-2）

迎头一炮，如雷轰顶，黑将无路可去，红方以中路困杀之势取胜。构思巧妙，立意新颖，十分罕见。

此种"中路困杀"战术，在对弈中虽有所见，但确乎十分难得。在全国大赛中以此杀法而获胜，更让人叹为观止。

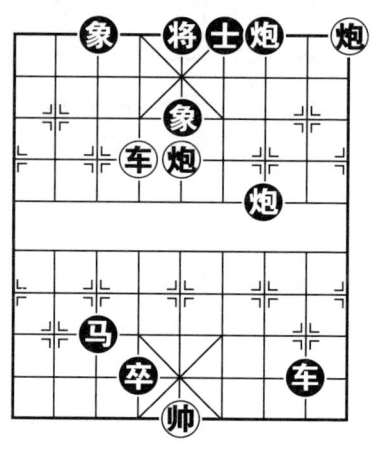

图 72-2

图72-3是1988年9月呼和浩特全国个人赛中的一个女子比赛局面，由广东黄玉莹执黑棋对河北胡明的中局形势，见诸

《象棋研究》1988 年第 6 期董志新撰文《巾帼棋战精彩杀局掠影》。观枰可知，黑方虽多一兵，但大子除去炮过河，其余都在己方阵地，局面处于互缠之中。此时轮黑方行棋，实战着法如下：

1. ………… 卒 5 进 1

佳着！弃中卒逼迫红方兑子，以便打开局面。

2. 马四进五　马 7 进 5
3. 兵五进一　马 5 进 4
4. 马七退九　马 4 进 3

骏马奔驰，占据有利地位，此时黑方形成车马炮组合联攻，已占优势。

5. 车八进二　士 5 退 4
6. 马九退八

如改走车八退六，则炮 1 进 3，下着黑方有马 3 进 4 踩仕凶着，黑方大有攻势。

6. ………… 车 4 进 5

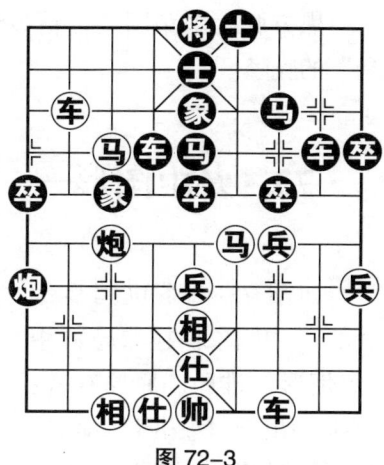

图 72-3

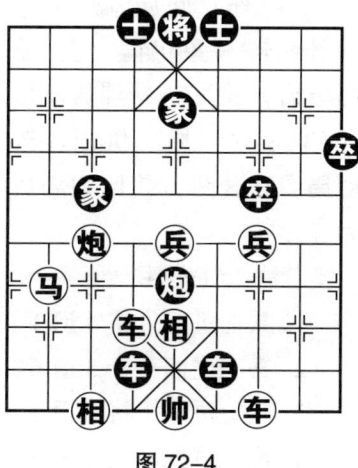

图 72-4

7. 车八平九　炮 1 平 9
8. 车九退七　马 3 进 5

弃马踩仕，胸有成竹，至此黑方胜定。

 9. 仕六进五　车 8 进 5　10. 帅五平四　车 5 平 6
11. 帅四平五　炮 9 平 5（图 72-4）

黑方胜。中路困杀，精妙绝伦！简直是上则"坤六十四局"的克隆。

73．火炬图形——李来群对胡荣华

如图 73-1 系仇国良编著的《中国象棋趣味局》中"火炬形"排局。原局有言："本局原出于《象棋谱大全》"，"这在图形局中是很少见的"。经查，此局雏形为谢侠逊编辑《象棋谱大全·象局集锦》中武进费绵钦所拟"双双玉立"局。仇国良改动局图和着法，使原和局成为红胜局。

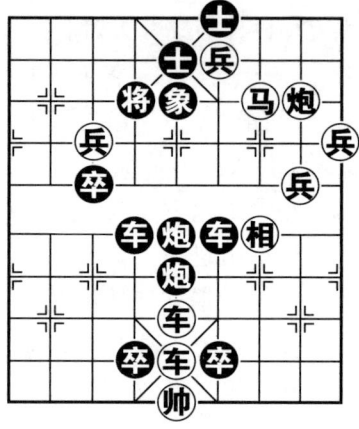

图 73-1

着法，红先胜：

1. 兵七进一　将４退１
2. 马三进四　士５退６
3. 兵七进一　将４退１
4. 炮二进二　士６进５
5. 兵四进一　象５退７
6. 兵四平三　士５退６
7. 兵三平四　炮５退５
8. 兵四平五　将４平５

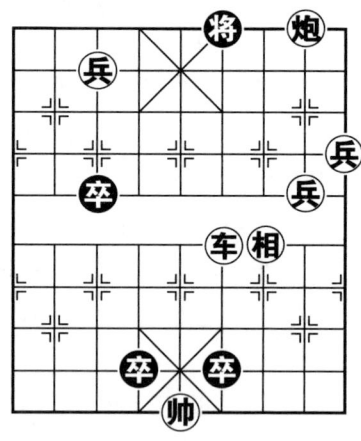

图 73-2

9. 车五进一　车4平5
10. 车五进一　车6平5
11. 车五进三　将5平6
12. 车五平四　（图73-2）

白脸将杀，红胜。

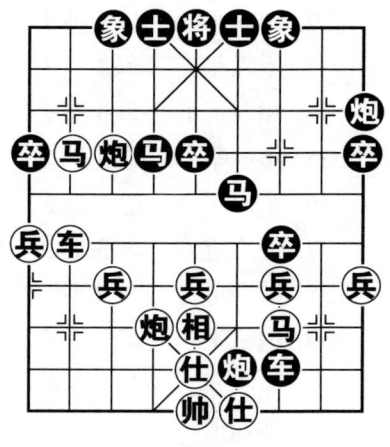

图73-3

图73-3 是中国体育报社、江西宜春工程机械厂和黑龙江棋院联合主办的1989年象棋棋王挑战赛中出现的局面，系9月4日弈于北京兆龙饭店，由挑战者河北李来群执红棋对上届棋王上海胡荣华弈完21回合形成。在复杂的中局较量中，上一着黑方卒7进1后，伏炮9平8做杀。此时局面由红方底线帅仕起，至红方九路兵和黑方1卒止，俨然是一个火炬图形。与"火炬形"排局对照，火焰方向一左一右，遥相呼应，煞是有趣。

面对黑方有炮9平8的凶着，赛后李来群认为红方应接走炮七进一，以下士4进5，兵三进一，炮9平8，马八进六，士5进4，炮七平二，红方优势。而临场红方却走了一步"不够冷静"的棋，以后又走了几步错着，招致败局。实战着法如下：

22. 炮七平九　象7进5　23. 炮九平六　炮9平8
24. 马八进七　将5进1　25. 仕五进四　炮8退1
26. 前炮进二　炮8平4　27. 相五进三　炮6平3
28. 车八平四　车7平4　29. 仕四进五　炮3进1
30. 帅五平四　马6进8　31. 车四进五　炮3退8

32. 车四平二　马8进7
33. 炮六平三　车4平3
34. 相三退五　车3退2
35. 车二平六　炮3平2
36. 车六平二　炮2进8
37. 仕五进六　车3进3
38. 帅四进一　车3平7
39. 炮三平一　车7退1
（图73-4）
40. 帅四退一　炮4平3
41. 相五进七　炮3平2

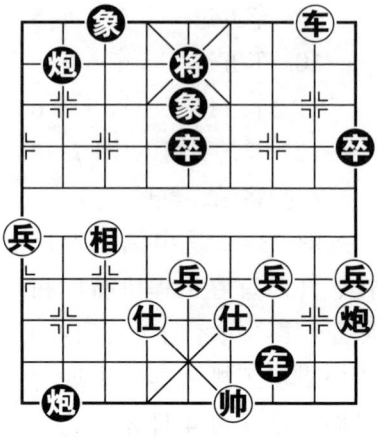

图 73-4

至此，红方无法抵挡黑车双炮的攻杀，遂告负。

附：如图73-3前对弈过程

1. 炮二平五　马8进7　　2. 马二进三　车9平8
3. 车一平二　马2进3　　4. 马八进九　卒7进1
5. 炮八平七　车1平2　　6. 车九平八　象3进5
7. 车八进四　炮2平1　　8. 车八进五　马3退2
9. 车二进四　炮8平9　　10. 车二平八　马2进3
11. 车八进三　象5退3　　12. 兵九进一　车8进8
13. 仕六进五　马3退5　　14. 车八退一　车8平7
15. 炮五平六　炮1平6　　16. 相七进五　炮6进6
17. 马九进八　车7进1　　18. 马八进六　车7退1
19. 车八退二　马7进6　　20. 马六进八　马5进4
21. 炮七进四　卒7进1

74. 步步生莲——陶汉明对孙树成

图74-1系清代张惠春编著《韬略元机》（康熙四十六年即1707年刊印）中之"苏秦背剑"局。其后清代书谱中此局多有收录。薛丙编著《心武残编》（嘉庆五年即1800年刊印）局名"蜻蜓立钓"，红方一路炮位于一·八位，与黑炮同线，着法另有变化；清代三乐居士编著《百局象棋谱》（嘉庆六年即1801年刊印）局名"步步生莲"；清代张乔栋编著《竹香斋象戏谱》二集（清嘉庆二十二年即1817年刊印）局名"子母炮"。

本局演示了"夹车炮"技巧，几乎是着着皆精妙，《百局象棋谱》局名"步步生莲"，恰如其分。

着法，红先和：

1. 炮三进一　将5进1
2. 车二进八　将5进1
3. 炮一退一　炮6退1
4. 车二退一　将5退1
5. 车二平四

解杀还杀，关键之着。

5. ………… 车6进5

如改走车6退2，则炮三退一，将5退1，炮一进二，士6进5，炮三进一杀，红方胜。

6. 车四退七　卒1平2

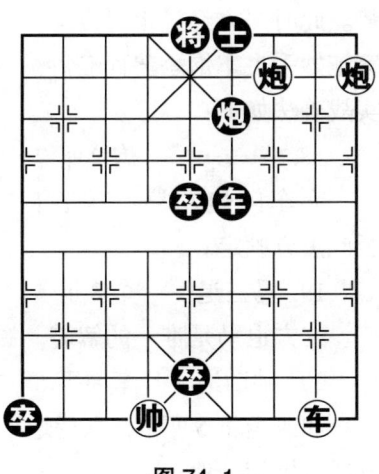

图74-1

7. 车四进八　将5平6
8. 炮三退九　后卒进1
9. 炮一平九　后卒进1
10. 炮三平八　后卒进1
11. 炮九退六　后卒平4
12. 炮八进一　卒4进1
13. 炮九平六　卒5平4
14. 帅六进一　（图74-2）

红方双炮全力防守，黑方双卒难以取胜，和棋。

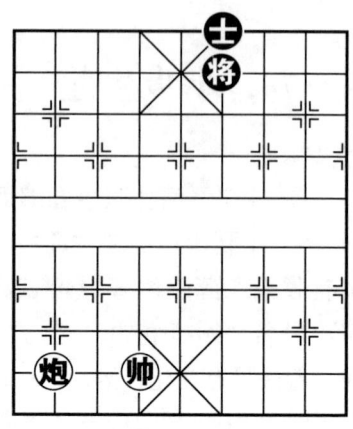

图74-2

图74-3是1989年10月18日重庆全国个人赛中出现的局面，由煤矿孙树成执黑棋与大连陶汉明对弈至第18回合形成。黑方在布局阶段连弃双马，造成底线车炮攻势。此时黑方经过审时度势，突施妙手夹车炮杀势而获胜。实战着法如下：

18. ……　炮2平7

弃车闪炮左翼，凶着！至此黑方胜定。

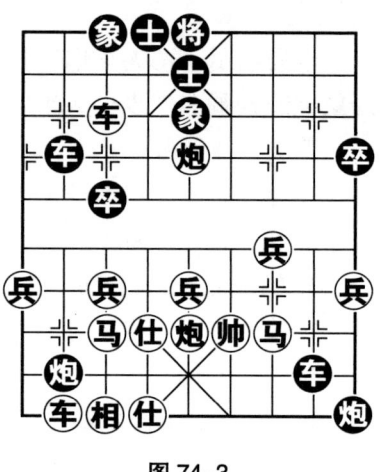

图74-3

19. 马三退一　车8退5

红方退马是唯一的解着。黑方退车紧凑之着。

20. 帅四退一　车8平6　21. 帅四平五　车2进6

如改走将5平6，则后炮平四打将，再车八进六吃车，红方还有周旋余地。

22. 马七退八　将5平6
23. 后炮平一

如改走帅五平六，则炮9平8，黑方速胜。

23. ………… 车6进5
24. 帅五退一　炮9平8
25. 马一进三　炮8平6
26. 马三退一　炮6平8
27. 马一进三　车6进1
28. 帅五进一　炮8退1
29. 帅五进一　车6平5

(图74-4)

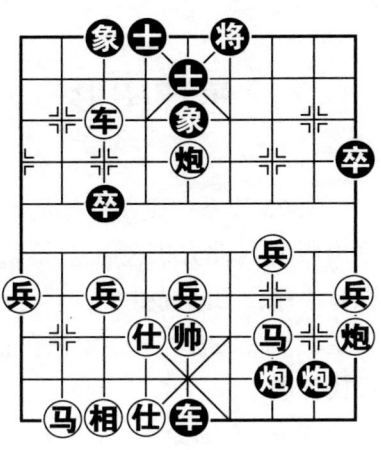

图74-4

如图74-4形势，红方已无力回天，只得推枰认输。如接走仕六退五或马三退五，黑方炮8退1再炮7退1杀。

本局黑方充分表演了"夹车炮"的实用战法，亦可谓"步步生莲"。

附：如图74-4前对弈过程

1. 马八进七　卒3进1　2. 炮二平五　马2进3
3. 马二进三　炮8平6　4. 炮八平九　车1平2
5. 车一平二　马8进7　6. 车九平八　炮2进4
7. 兵三进一　士6进5　8. 车二进六　车9平8
9. 车二平三　炮6进4　10. 车三进一　炮6平7
11. 车三平七　炮7进3　12. 仕四进五　炮7平9
13. 仕五进六　炮2进2　14. 炮九进四　车2进3
15. 炮九平五　象7进5　16. 帅五平四　车8进9
17. 帅四进一　车8退1　18. 帅四进一

75. 星球图形——徐天红对胡荣华

图 75-1 系一则图形排局，作者周瑞宏，发表于 1979 年 6 月出版的《北方棋艺》总第二期，局名"四化卫星放光芒"。原有小序："本局棋图右上角表示星球，左下角则为人造地球卫星，十一回合红胜，象征在党的十一大路线指引下，向四个现代化进军！"

着法，红先胜：

1. 炮九平五　象 5 退 7

如改走象 5 退 3，则马六进五，炮 8 平 5，马五进七，炮 5 平 4，兵四平五，将 5 平 4，车六进五，将 4 进 1，马八进七，将 4 退 1，车八进六，红胜。

2. 马六进五　炮 8 平 5
3. 马五进七　炮 5 平 4
4. 兵四平五　象 7 进 5

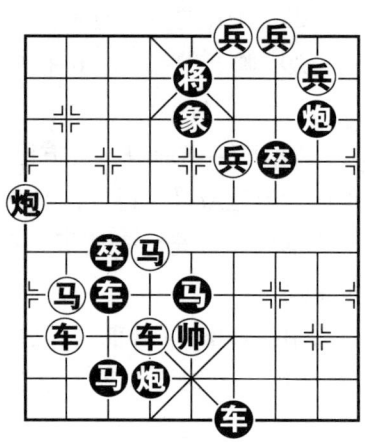

图 75-1

如改走将 5 平 6，则兵二平三，将 6 退 1，兵三进一，将 6 进 1，马七进六，将 6 进 1，车六进五，红胜。

5. 兵五进一　将 5 进 1　　6. 车六进五　将 5 平 4
7. 马八进七　将 4 平 5　　8. 前马退五　将 5 平 6
9. 马五进六　将 6 平 5　　10. 马七进五　将 5 平 4

11. 车八进五（图 75-2）

本局图右上角以八枚棋子组成星球图形，形象逼真，别有趣味。巧合的是在全国大赛的对局中，竟然也出现过由八枚棋子组成的星球图形局面，可与这则排局相互辉映。

图 75-3 是 1989 年 10 月 25 日重庆全国个人赛中出现的局面，由江苏徐天红执红棋对上海胡荣华弈至第 27 回合形成。棋盘左侧呈现由红方车炮双马兵和黑方车双马八枚棋子组成大星球图形，可视为太阳。整个局图犹如太阳系排列不等的星球，真乃一奇。此后双方激战成和。实战着法如下：

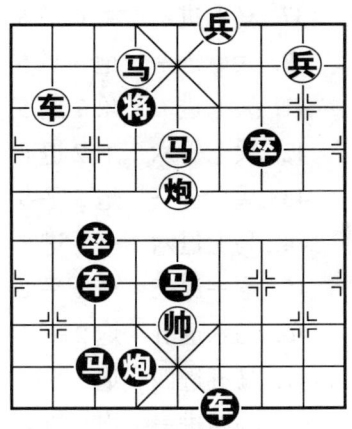

图 75-2

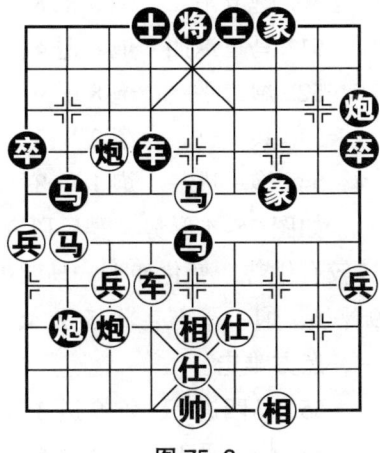

图 75-3

27. …………	车 4 进 3
28. 马八退六	炮 9 进 4
29. 马六进七	炮 9 进 3
30. 仕五退四	马 5 退 3
31. 马五进四	将 5 进 1	32. 马四退六	将 5 平 6
33. 后炮进三	炮 9 退 5	34. 前炮平一	炮 9 平 3
35. 马六退八	卒 1 进 1	36. 马八进七	卒 1 进 1

37. 马七进六　将6平5　　38. 马六退七　将5退1
39. 兵七进一　炮3平5　　40. 仕四退五　炮5退3
41. 兵七进一　象7退5
42. 兵七平六　炮2退6
43. 兵六进一　炮5平9
44. 马七退六　卒1进1
45. 炮一退三　卒1平2
46. 马六退五　炮2平5
47. 马五进四　炮5平1
48. 马四进三　炮9进4
49. 炮一平五　炮9平5
50. 炮五平二　炮5平8
51. 马三退四　炮8退4
52. 炮二平一　炮8平9
53. 兵六进一　卒2平3
54. 炮一进一　炮1平8（图75-4）

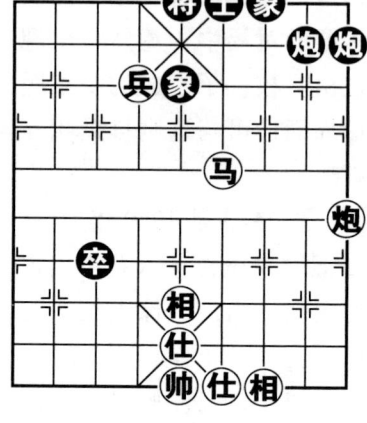

图 75-4

如图75-4形势，赛后研究认为，红方下一步应走马四进二较有优势，变化如下：马四进二，炮8进1，马二进四，炮9平6，炮一平五，将5平4，炮五平六，将4平5，兵六进一，黑方难走。

55. 马四进三　炮9进3　　56. 兵六进一　卒3平4
57. 炮一平五　炮9平5　　58. 马三退一　炮8平7
59. 马一退三　士6进5　　60. 马三退四　炮5退1
61. 马四进六　炮5进1　　62. 马六进七　炮5退1
63. 炮五进一　炮7进5　　64. 马七退六　炮7平5
65. 炮五平六　后炮平7　66. 炮六退二　炮7退2
67. 马六进七　炮5平8　　68. 炮六平五　炮8退5

69. 炮五平一　象 5 进 7（图 75-5）

末后形势，黑方防守严密，红方难以破城。如以兵换士，马炮仕相全难胜双炮双象，因此罢战成和。

附：如图 75-3 前对弈过程

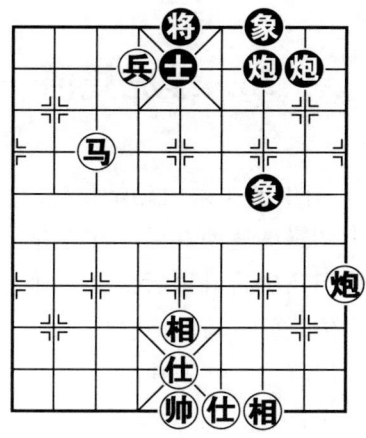

图 75-5

1. 炮二平五　炮 8 平 5
2. 马二进三　马 8 进 7
3. 车一平二　卒 7 进 1
4. 马八进九　车 9 进 1
5. 车二进六　马 2 进 3
6. 车二平三　车 9 平 4
7. 炮八平七　车 4 进 6
8. 炮七进四　车 4 退 4
9. 炮五平七　炮 2 进 5
10. 相七进五　马 3 退 5
11. 仕六进五　炮 5 平 4
12. 车三退一　车 1 平 2
13. 兵九进一　象 3 进 5
14. 车三退一　马 7 进 6
15. 车三平八　车 2 进 5
16. 马九进八　马 6 进 4
17. 车九平八　炮 4 平 2
18. 车八平六　马 5 进 7
19. 兵三进一　马 7 进 6
20. 兵三进一　后炮平 4
21. 仕五进四　象 5 进 7
22. 马三进二　马 6 进 7
23. 车六进三　卒 5 进 1
24. 仕四进五　炮 4 平 9
25. 兵五进一　马 7 退 5
26. 马二退四　马 4 退 2
27. 马四进五

76. 暴虎凭河——吕钦对赵国荣

图76-1系《适情雅趣》中"暴虎凭河"局。红方弃炮引离黑将升顶后，以一马定位，另一马杀将取胜。

着法，红先胜：

1. 炮六进五

弃炮将军，引黑将离主位，佳着！

1. ………… 将5平4
2. 马九进八 象5退3
3. 马八退七 将4进1
4. 前马退九

亦可改走前马进九，再马九进七，红胜。

4. ………… 将4进1
5. 马九进八 （图76-2）

高钓马杀，红胜。

本局首着红方隔河飞炮催重城，此种着法在实战中可予借鉴。

图76-3是"南北超级棋星对抗赛"中出现的局面，1990年9月3日弈于

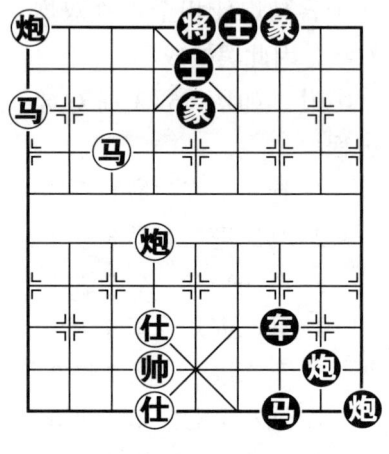

图76-1

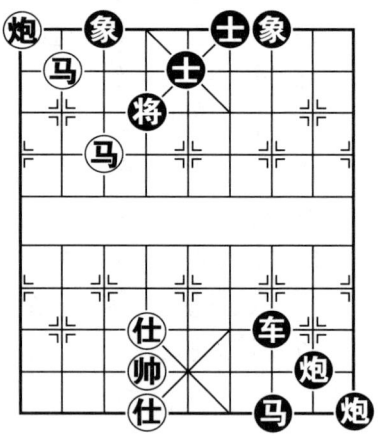

图76-2

大连，由南方队吕钦执红棋对北方队赵国荣弈完34回合形成。盘面上黑方持双车马炮，红方有双车双炮但缺象少兵，黑方有攻势。谁知上一着黑方急于成杀走车2平6（应走车2平7，伏车8平6连杀），没看到红方有一步妙手，结果应胜反负。实战着法如下：

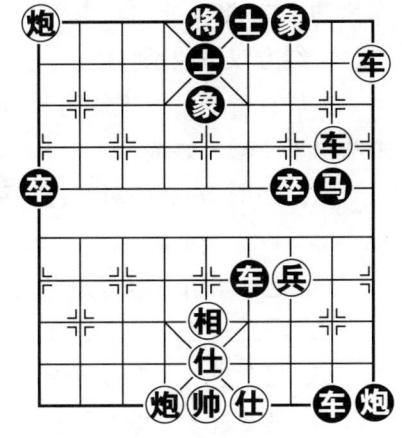

图76-3

35. 炮六进九

炮送虎口叫将，解杀还杀，石破天惊！

35. ………… 象5退3

如改走将5平4，则车二平六，将4平5，帅五平六（假如第34回合黑方车2平7，则此时可走车7平4，车六退三，车8退3，车一退八，车8平4，帅六平五，马8进7，黑方胜定），解杀还杀，红方胜。

36. 炮六退一 象3进1

如改走士5退4，则车二平五，士6进5，车一平五，将5平6，前车进一，将6进1，后车进二，将6进1，前车平四，红方胜。

37. 车一退八

精妙之着！弃车砍炮，去掉后防之危。红方腾出做棋间隙，演成车双炮杀势。

37. ………… 车8平9 38. 炮六平八（图76-4）

黑方认负。以下如接走将5平4，则车二平六，士5进4，车六进一，将4平5，车六进一，红方双炮叫杀，胜。

本局首着与"暴虎凭河"杀法出于一辙。妙哉！

附：如图76-3前对弈过程

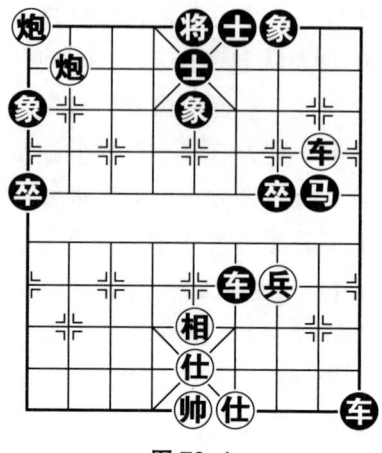

图76-4

1. 炮二平五　马8进7
2. 马二进三　卒7进1
3. 兵七进一　车9平8
4. 马八进七　炮8平9
5. 车一进一　车8进5
6. 相七进九　士4进5
7. 车一平三　炮2进4
8. 兵五进一　马2进3
9. 车九进一　象3进5
10. 车九平六　炮2平9
11. 马三进一　炮9进4
12. 炮八进二　车8进4
13. 相九退七　炮9进3
14. 炮五平三　车1平2
15. 车六进五　车2进4
16. 相七进五　卒3进1
17. 车六平七　卒3进1
18. 车七退二　马3进4
19. 炮三平四　马7进6
20. 仕六进五　车8退3
21. 兵五进一　卒5进1
22. 车七平四　马6退7
23. 炮八平六　马4进2
24. 炮六退四　马2进3
25. 炮四平七　车2进2
26. 车四进二　卒5进1
27. 炮七进五　马7进8
28. 车四平一　车8进3
29. 车一平二　卒5进1
30. 车三平一　车2平1
31. 炮七平九　车1平2
32. 炮九进二　卒1进1
33. 车一进七　卒5进1
34. 相三进五　车2平6

77. 马炮决斗——萧革联对李来群

图 77-1 系辽宁科学技术出版社 1987 年 7 月版孟立国、李中健编著《象棋残局技巧》中"马炮巧胜马炮"第 6 局。本局争斗的中心是围绕着一方拴链擒马,另一方解链救马而展开的。红方制胜要点是紧紧拴住黑马,不使逃脱。

着法,红先胜:

1. 炮五退七

退炮恰到好处,进一步防止黑马逃脱。

1. ………… 炮 4 平 6

如改走炮 4 进 2,则马七退六,炮 4 平 6,炮五平四,炮 6 进 5,帅五进一,红方胜。

2. 炮五进二

出人意料的好棋。如改走马七退五,则将 6 进 1,帅四进一,炮 6 进 1,炮五退一,炮 6 进 1,相持不下,易成和棋。又如改走帅四进一,则将 6 进 1,马七退六,炮 6 平 5,炮五进五,将 6 退 1,势必成和。

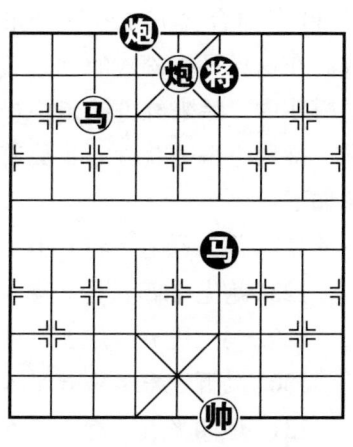

图 77-1

2. ………… 将 6 进 1   3. 马七退六　炮 6 进 1
4. 帅四进一　炮 6 退 1   5. 炮五退三　将 6 退 1
6. 马六进五　炮 6 平 7   7. 马五退三　将 6 进 1

8. 炮五平四（图 77-2）

至此红胜定。以下必走炮 7 平 6，炮四进四，炮 6 进 5，马三退四，红方独马必擒王。

图 77-3 是 1990 年 10 月 22 日杭州全国个人赛中出现的局面，由湖南萧革联执红棋对河北李来群，自第 88 回合形成罕见的马炮对马炮后，经过 30 多回合弈完 126 回合形成。在这场马拉松式的马炮残局搏斗中，后来红方错走一步马，被黑方得子获胜。实战着法如下：

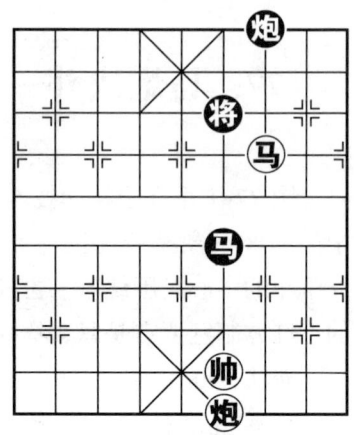

图 77-2

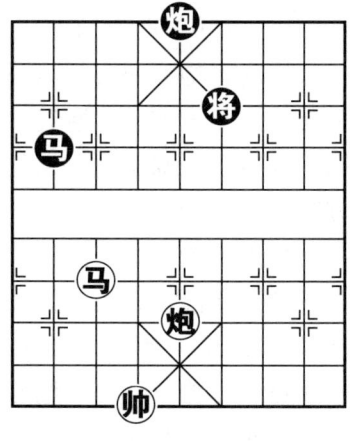

图 77-3

127. 炮五平七　将 6 退 1
128. 炮七平四　马 2 进 3
129. 马七进五　炮 5 进 4
130. 马五进三　将 6 平 5
131. 炮四平五　炮 5 平 6
132. 马三退四　炮 6 平 4
133. 帅六平五　将 5 退 1
134. 帅五进一　马 3 进 2
135. 马四进五　将 5 平 4
136. 炮五平六　将 4 平 5
137. 炮六平五　将 5 平 4
139. 马五退四　炮 4 退 1
141. 马六退四　马 3 进 5
138. 帅五平四　马 2 退 3
140. 马四进六　炮 4 进 1
142. 帅四退一　炮 4 进 2

143. 马四进五　马5进7
144. 帅四平五　炮4退5
145. 马五进七　炮4平5
146. 马七进五

马跳中路太随手，致使被黑方进将造成马炮被拴链而成败局。如改走炮五平四，对弈仍将处于难解难分状态。

146. …………　将4平5

（图77-4）

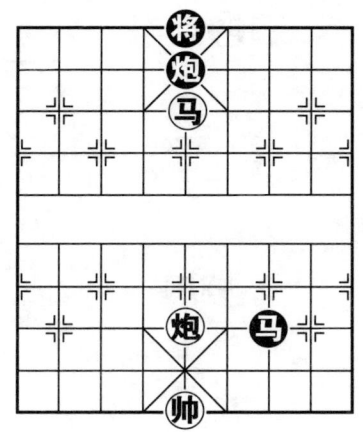

图77-4

老将归位，必得一子，黑方胜定。

147. 炮五进三　炮5进3

双方进行了6小时43分的鏖战，李来群终于获胜，显示了顽强的拼搏精神。

这则实战局和"马炮巧胜马炮"排局，子力对等的局面十分难得，大同小异的战术运用甚为巧合。

78. 豪杰并争——曾东平对陈鱼

图78-1系《梦入神机》中"豪杰并争"局。面临黑方即将成杀。红方利用黑方窝心马之弊，借催杀之机抢先入局。

着法，红先胜：

1. 车一平四

平车塞象眼，解杀还杀。

1. …………　车6进1

弈林猎奇——出奇制胜实战例

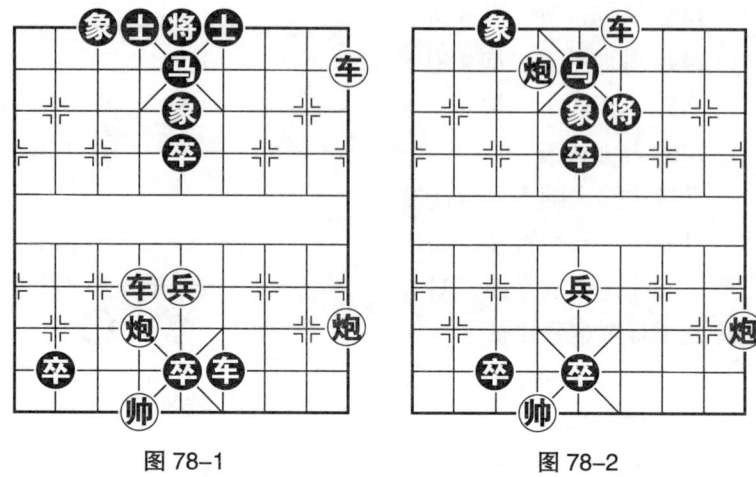

图78-1   图78-2

如改走车6平9，则车四进一，将5平6，车六进六，以下与正局着法相同，仍为红方胜。

2. 车四退八　卒2平3　　3. 车四进九

妙！弃车杀士，捷足先登。

3. …………　将5平6

4. 车六进六　将6进1

5. 炮六进七　将6进1

6. 车六平四（图78-2）

车兜底线闷杀，红胜。

图78-3是1991年10月21日大连全国个人赛中出现的局面，由四川曾东平执红棋对成都陈鱼弈完29回合形成。上一手黑方退3路车捉炮，实战中红方进马

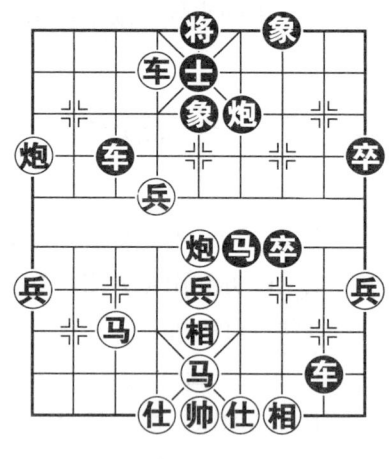

图78-3

184

咬车，下一步将跳出窝心马缓解九宫之弊。黑方审时度势，置右车被吃于不顾，平左车至肋道，抢攻在前，一举成杀。实战着法如下：

30. 马七进八　车 8 平 6
31. 马五进七　车 6 进 1
32. 帅五进一　车 6 退 1
33. 帅五退一　马 6 进 7

再度弃车，进马要杀，紧逼不放。

34. 仕六进五　车 3 平 6
35. 帅五平六　前车平 5

弃车杀仕，红方认负。以下红方只有马七退五，则车 6 进 6，帅六进一，炮 6 进 6，帅六进一，车 6 平 4 杀（图 78-4）。

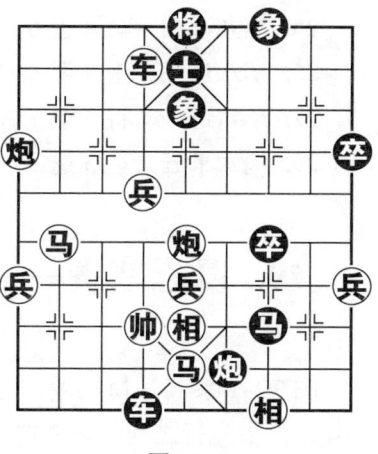

图 78-4

此局黑方抓住战机，弃车杀仕在前，车炮绝杀随后，与"豪杰并争"入局过程完全一致。

附：如图 78-3 前对弈过程

1. 炮二平五　马 8 进 7　2. 马二进三　车 9 平 8
3. 车一平二　马 2 进 3　4. 兵七进一　卒 7 进 1
5. 车二进六　炮 8 平 9　6. 车二平三　炮 9 退 1
7. 马八进七　士 4 进 5　8. 炮八平九　车 1 平 2
9. 车九平八　炮 9 平 7　10. 车三平四　马 7 进 8
11. 车四进二　炮 2 退 1　12. 车四退三　象 3 进 5
13. 车八进七　炮 7 进 1　14. 炮五平六　马 8 进 7
15. 车四进一　马 7 退 8　16. 相七进五　卒 3 进 1

17. 兵七进一	马3进4		18. 车八进一	车2进1
19. 兵七平六	车2进5		20. 车四平五	卒7进1
21. 马三退五	车2平3		22. 车五平三	炮7平6
23. 炮九进四	马8进6		24. 车三平八	车8进8
25. 车八进三	士5退4		26. 车八平六	将5进1
27. 车六退一	将5退1		28. 炮六进二	士6进5
29. 炮六平五	车3退3			

79. 以恩塞责——李丛德对廖二平

图 79-1 系《适情雅趣》中之"以恩塞责"局，红方虽少一兵，但借先行之利，竟能造成妙杀，颇具实战特色。

着法，红先胜：

1. 车四进七　将4进1　2. 车四退二

红车先照将再捉士，顿挫有序，可资借鉴。如红方首着用车捉士，黑方可进将，红方徒劳无益。

2. …………　将4平5

3. 车四平五　将5进1

4. 炮六平五　（图 79-2）

红方先弃车再平炮成杀，妙！

这则精巧的小型排局，入局过程如棒当头。实战中亦有类似杀法，应有所警示。

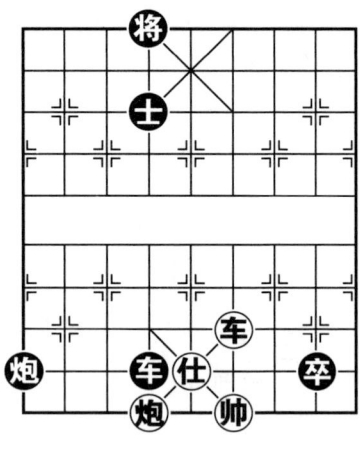

图 79-1

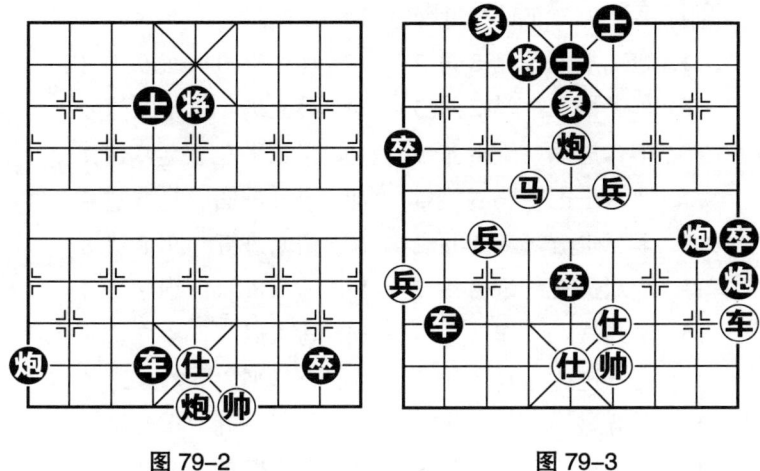

图 79-2   图 79-3

图 79-3 是 1992 年 5 月 16 日江西抚州全国团体赛中的一个局面，由大连李丛德执红棋对江苏廖二平弈完 47 回合形成。双方大子基本相等，但红方老帅已处于黑方车炮卒的火力中，形势已呈败象。上一着黑卒平中路要杀，红方被迫扬仕，随后黑车砍仕，捉马弃卒，终局弃车妙杀。实战着法如下：

48. 仕五进六　车2平4
49. 马六退五　炮9平6
50. 帅四平五　炮8平5
51. 马五退七　车4平5

（图 79-4）

黑方迎头弃车，再用炮成杀，至此红方认输。这则实战对局与"以恩塞责"何其相似乃尔！

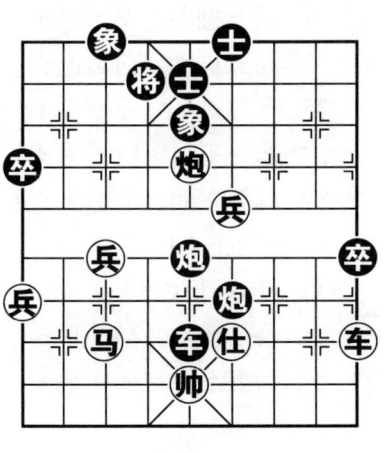

图 79-4

附：图 79-3 前对弈过程

1. 炮二平五　马8进7　　2. 马二进三　车9平8
3. 车一平二　马2进3　　4. 兵七进一　卒7进1
5. 车二进六　炮8平9　　6. 车二平三　炮9退1
7. 炮八平七　马3退5　　8. 炮五进四　马7进5
9. 车三平五　车1平2　　10. 相七进五　车8进8
11. 仕六进五　炮2平7　　12. 马八进六　炮7进4
13. 车九平八　车2进9　　14. 马六退八　象7进5
15. 马八进六　马5进7　　16. 车五平六　炮9平6
17. 兵五进一　炮6进7　　18. 马三进七　车8平7
19. 相三进一　马7进8　　20. 马五退三　炮7平8
21. 相一退三　炮8进3　　22. 马六进五　炮8平9
23. 车六平二　车7进1　　24. 车二退一　车7退2
25. 车二退五　车7平5　　26. 炮七进四　士4进5
27. 炮七平五　炮9退2　　28. 帅五平六　炮6平9
29. 车二进一　前炮进1　　30. 帅六进一　车5平2
31. 兵五进一　车2进1　　32. 帅六进一　车2退2
33. 马五进六　前炮退3　　34. 帅六退一　卒7进1
35. 车二进一　前炮进1　　36. 仕五进四　卒9进1
37. 车二平一　将5平4　　38. 帅六平五　卒9进1
39. 帅五平四　前炮平8　　40. 仕四退五　车2平6
41. 仕五进四　卒7进1　　42. 仕四进五　车6平2
43. 仕五退六　车2进1　　44. 马六进七　将4进1
45. 马七退六　卒7平6　　46. 仕六进五　炮8退3
47. 兵五平四　卒6平5

80. 引虎下洞——邓改新对刘智煦

图80-1系1948年青岛民言报社出版邵次明编著《象棋战略》中"引虎下洞"局，为林弈仙拟局。

着法，红先胜：

1. 车七平五　车5进7
2. 仕四退五　士6进5

如改走车5平3，则马一进二，下一步马二进四或马二进三双要杀，黑方无解。

3. 马一进二　士5进6
4. 马二进四　将5平6
5. 兵二平三　车5平3
6. 兵六进一　车3退3
7. 兵六平五　（图80-2）

本局首着红方弃车，随后落仕闭车，正合"引虎下洞"之意。着不在多而在精，构思别有韵味。这种落仕闭车的禁锢战术在实战中能出现吗？且看下面一例。

图80-3是1994年4月3日在株洲市进行的湖南省

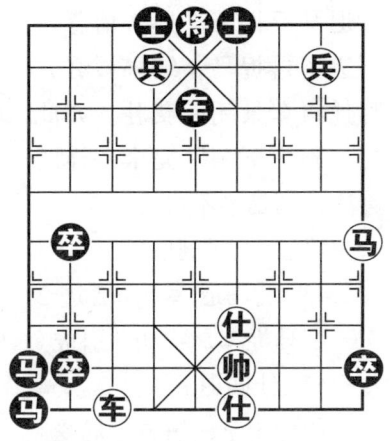

图80-1

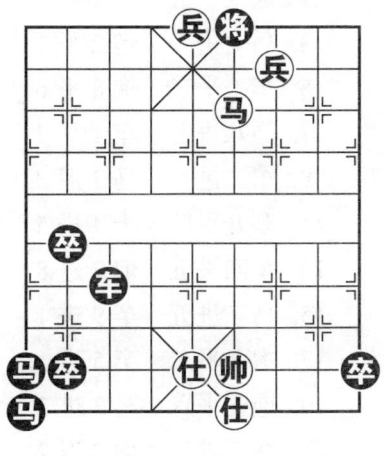

图80-2

象棋赛中一个局面，由邓改新执红棋对刘智煦弈完42回合形成。枰面所示，红车捉黑马，黑车捉红马。以下红方退马反捉车。黑方情急之下进车再捉马，结果被红方落仕将车禁闭而获胜。如此与"引虎下洞"完全一样的着法，真是妙不可言。

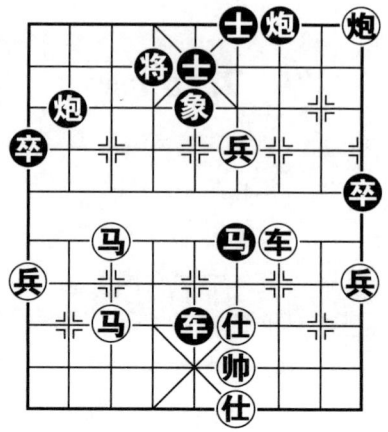

图80-3

着法，红先胜：

43. 后马退六　车5进2

红马捉车，犹如"引虎"。黑车捉马，恰似"下洞"。

44. 仕四退五

落仕闭车，黑方全局受制，遂含笑认输。

附：如图80-3前对弈过程

1. 炮二平五　马2进3　　2. 马二进三　卒7进1
3. 兵七进一　炮2平1　　4. 炮八平七　象7进5
5. 车一平二　炮8平6　　6. 炮七进四　马8进7
7. 马八进七　车1平2　　8. 车二进六　车9平8
9. 车二进三　马7退8　　10. 车九进一　马8进7
11. 车九平四　士4进5　　12. 兵五进一　车2进4
13. 车四进五　炮7进8　　14. 车四退三　炮6平7
15. 马三进五　卒9进1　　16. 兵五进一　卒5进1
17. 炮七平二　卒5进1　　18. 炮五进二　车2平5
19. 炮五平六　马3进2　　20. 炮六退三　卒7进1
21. 炮二进三　炮7退2　　22. 兵三进一　马8退7
23. 炮二平一　炮1平3　　24. 炮六平五　马2进4

25. 车四平二　车5平2　　26. 炮五进六　象3进5
27. 马七进六　炮3进7　　28. 仕六进五　炮3平1
29. 仕五进四　车2平5　　30. 相三进五　车5进1
31. 马六退七　炮1退2　　32. 帅五进一　炮1平2
33. 兵七进一　象5进3　　34. 兵三进一　炮2退5
35. 兵三进一　马7进5　　36. 兵三平四　马5进6
37. 车二平三　象3退5　　38. 车三进一　将5平4
39. 帅五平四　将4进1　　40. 炮一退一　将4退1
41. 炮一进一　将4进1　　42. 马五进七　车5进2

81. 炮碾丹砂——潘振波对贾继志

图81-1系《象棋》1957年第10期发表该刊编者所排拟的"炮碾丹砂"局，这是一则车炮扫荡取胜的棋局。

着法，红先胜：

1. 车二进七　士5退6
2. 车三平五　象7退5
3. 炮三进七

由此着红方进炮叫将始，至辗转扫荡黑士止，这阶段称作"炮碾丹砂"。

3. ………… 　士6进5
4. 炮三平六　士5退6
5. 炮六平三　将5进1
6. 车二退一　将5退1
7. 炮四平七　卒3平4

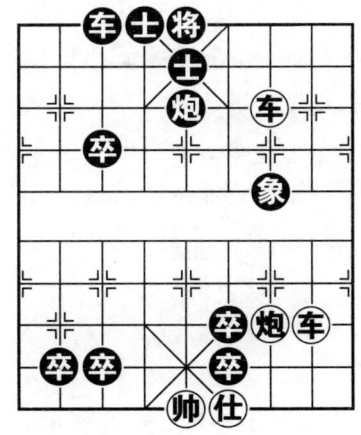

图81-1

8. 车二进一　将5进1

9. 车二平四　卒6进1

如改走将5平4，则炮七平六，红胜。

10. 帅五平四　卒6平5

11. 车四退六　卒5进1

12. 车四平五　卒3进1

13. 炮七退三（图81-2）

以下红炮再平中路打卒，胜定。

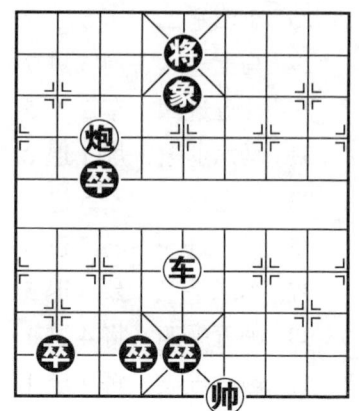

图81-2

"炮碾丹砂"显示了车炮组合的威力，是象棋中的一种基本杀法。

如图81-3形势，是首届"棋友杯"全国象棋精英赛中首轮出现的局面，1997年5月25日弈于山东省梁山县，由辽宁潘振波执红棋对北京贾继志弈完17回合形成。此时红方不出二路车捉死炮，反而弃马诱敌，弈来有声有色。实战着法如下：

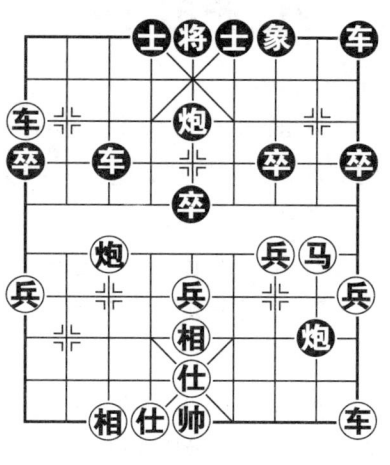

图81-3

18. 马二进三

强踩7卒，弃子入局，为"炮碾丹砂"创造条件，佳着！

18. ………… 　车3平7

吃马迫不得已。如改走炮5进4，则马三退五，黑方局势立即崩溃。又如改走士6进5，则马三进五，象7进5，车九平五,黑方大占优势。

19. 炮七进五　士4进5　20. 车九进二　车9进1

21. 车一平二　炮5进4

勉强对攻,无济于事,黑方败局已定。以下红方表演了炮碾丹砂战术。

22. 炮七平四　士5退4　23. 炮四平六　车9平4
24. 炮六平三　将5进1　25. 车二进二　车7退2
26. 车二平四　将5进1

如改走车7平6兑车,则车四进六,将5平6,车九退三,黑方也难免一败。

27. 车九退二　车4进1
28. 车四进五

凶悍之着!

29. ………　将5平6
30. 车九平六　将6退1
31. 车六进一 (图81-4)

至此,黑方双车尽失,认负。

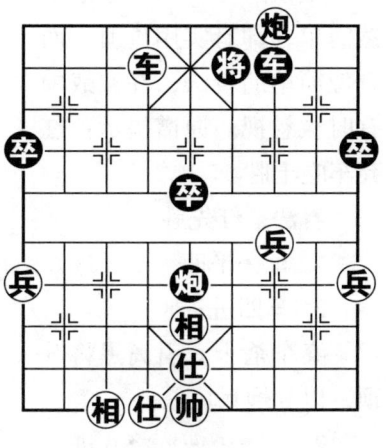

图81-4

附:如图81-3前对弈过程

1. 兵七进一　炮2平5　2. 马八进七　马2进3
3. 车九平八　车1进1　4. 马二进三　卒5进1
5. 相三进五　马8进7　6. 仕四进五　车1平6
7. 兵三进一　马7进5　8. 炮八进二　卒3进1
9. 兵七进一　马5进3　10. 炮八平七　象3进5
11. 车八进六　后马进5　12. 马七进六　炮8进1
13. 马三进二　炮8平4　14. 马六进五　马3退4

15. 车八平六　车6进2　16. 车六进一　车6平5
17. 车六平九　车5平3

82. 坐镇边陲——业余棋手实战局

图 82-1 系《韬略元机》中"坐镇边陲"局。着法虽然简单，却有实用价值。而看似简单的着法，在实战中有时被忽视。原谱提示：红弃车吃士胜。

着法，红先胜：

1. 车一平四　士5进6
2. 车四进三

弃车杀士，引离黑将升顶，以利炮兵成杀。

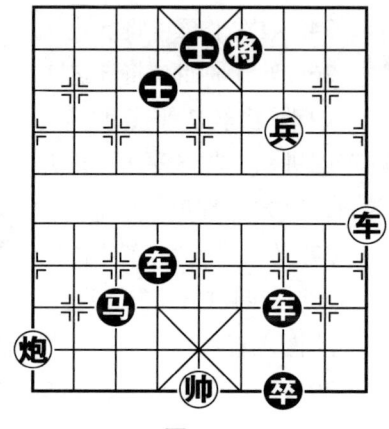

图 82-1

2. ………　将6进1
3. 兵三平四　将6退1
4. 炮九平四　车7平6
5. 兵四进一　将6退1
6. 兵四进一（图 82-2）

红兵仗炮势，直捣黄龙。

图 82-3 是业余棋手的一个实战局面，见诸丹东棋友杂志社出版《棋友之声》1988 年第 5 期白香树撰写

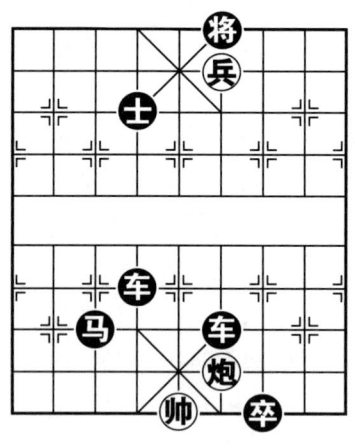

图 82-2

《妙弃双车夺胜利》。

枰面呈现对攻形势。面对红兵要吃黑炮，此时轮到黑方走子。如果逃炮，红方会立即从左右两面夹击；若走炮5进2或车8进3，但变化复杂。后来，经再三琢磨，走出了退炮打车、再弃双车好棋。实战着法如下：

1. ………… 炮5退3

让开车路，连消带打，红方立即陷入困境。

2. 车一平三　车1平4

献车，红方只好吃掉，否则连照杀。

3. 帅六进一　车8平4
4. 仕五进六　车4进1

再献车，红方还得吃掉，这为以下连杀创造了条件。

5. 帅六进一　炮3平4
6. 兵七平六　卒4进1
7. 帅六退一　卒4进1
8. 帅六退一　卒4进1

（图82-4）

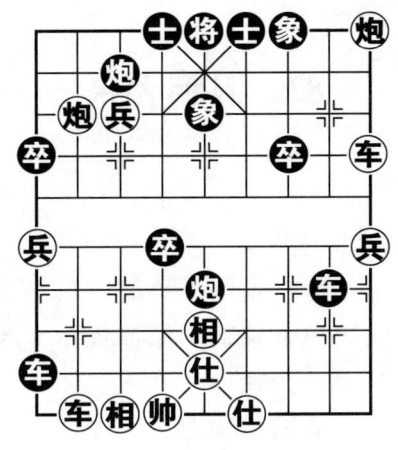

图82-3

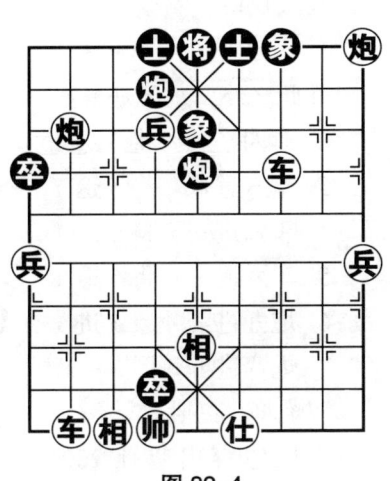

图82-4

卒仕炮势连续叫将，黑方胜。

这盘棋的结局竟和"坐镇边陲"别无二致，真是奇妙！

83．渴骥奔泉——业余高手实战局

图83-1系《梦入神机》中"渴骥奔泉"局。局图黑方6路底线一个"缺口"，犹如一个泉眼。原谱提示"马入士角胜"。

着法，红先胜：

1. 马二进四

马入缺口，渴骥奔泉。

1. ………… 车9平6

除此之外，别无好着。

2. 车四平五　将5进1
3. 车六进八　将5退1
4. 车六进一　将5进1
5. 车六退一　将5退1
6. 炮九进三　象3进1
7. 炮八进五（图83-2）

双炮将，红胜。

人民体育出版社2002年11月版《杨官璘象棋研究》收入此局，杨官璘有言："原谱入局的着法非常精彩，特别是第一着马二进四，出神化入！后来经过江

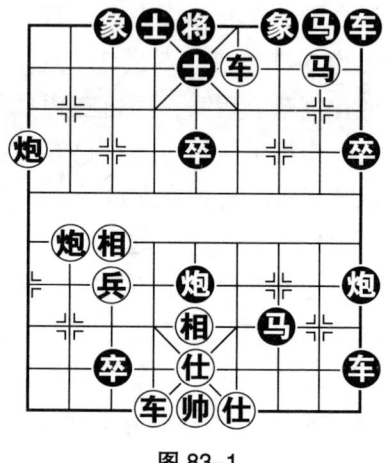

图83-1

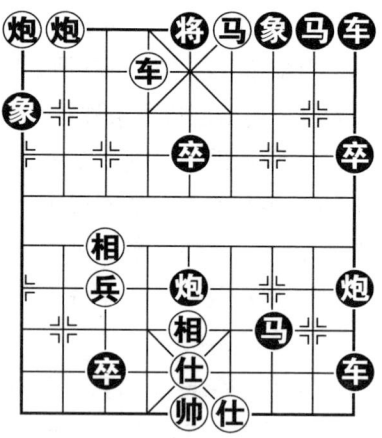

图83-2

湖棋手删去9路边卒，成为江湖棋局。"

图 83-3 即删去边卒后的局势，免去了红方速胜的结局。经过许多象棋研究者探讨和整理，结论为和棋，收入蜀蓉棋艺出版社1985年10月版丁章照、金启昌修订本《梦入神机》。

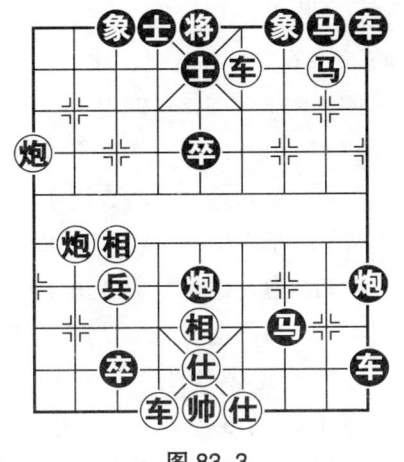

图 83-3

着法，红先和：

1. 马二进四　炮9退5
2. 炮八进四

如改走车四平五，则将5进1，炮八进四，炮9平2，炮九进三，前车平5，仕四进五，车9进9，黑胜。

2. ………　士5进4

如改走车9平6，则车四平五，将5进1，车六进八，将5退1，车六进一，将5平4，炮九进三，象3进5，炮八进一，红胜。

3. 车六进七　车9平5

如改走炮9平2，则帅五平六，士4进5，炮九进三，炮2退1，车六平七，卒3平4，帅六进一，马7进6，帅六进一，炮5平4，车七进二，炮4退6，车七平八，士5进4，车四平六，红胜。

4. 仕四进五　炮9平2　　5. 帅五平六　车9进9
6. 仕五退四　炮2平4

如改走车9平6，则车四退八，马7进6，车六进二，将5

进1，炮九进二，炮2退1，马四退六，将5进1，马六退七，将5平6，车六退二，将6退1，马七进八，将6退1，车六平四，将6平5，车四退七，红胜。

7. 车六进一　车9平6　8. 车四退八　马7进6

9. 车六进一　将5进1

10. 车六退一　将5退1

11. 炮九进三　象3进1

12. 马四退五　象7进5

如改走卒3平4，则车六退七，马6退4，马五进七，将5平4，马七退九，将4平5，帅六进一，至此，双方子力相等，但黑方缺象，有所顾忌。

13. 炮九平二　卒3平4

14. 车六退七　马6退4

15. 帅六进一（图83-4）双方两难进取，和棋。

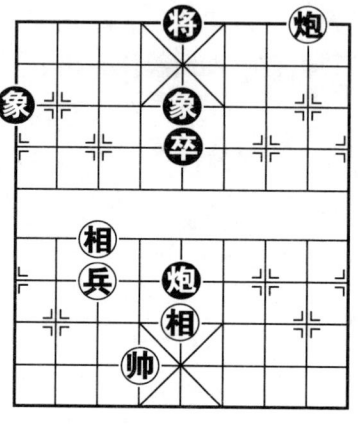

图83-4

如图83-5是两位业余高手弈于上海市徐汇区工人俱乐部的一个中局形势，见诸丹东棋友杂志社出版《棋友之声》1989年第2期江东祥撰写《好一着渴骥奔泉》。

从盘面看，黑方多一子，除一车一马未过河外，其余大子占位极佳。现在轮红方

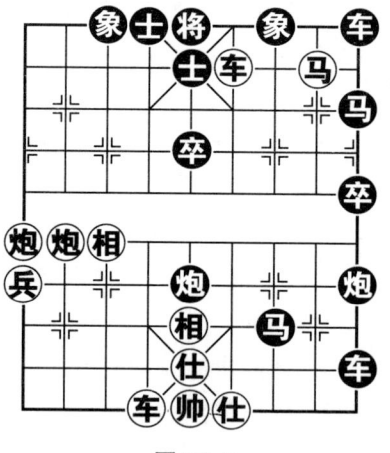

图83-5

走子。面对黑方下一手前车平6的绝杀，当时观战者都认为黑胜无疑。但见红方思索多时，毅然走出进马卧底。结果黑方无论如何走棋，均遭败局。实战着法如下：

1. 马二进四　前车平6

红方"渴骥奔泉"，黑方已呈败象。如改走士5退6，则车六进九，将5平4，炮九进五，象3进5，炮八进五重炮杀，红方胜。又如改走其他子，红方均可车四平五入局。

2. 车四平五　将5进1
3. 车六进八　将5退1
4. 车六进一　将5进1

如改走将5平4，则炮九进五，象3进1，炮八进五，红方胜。

5. 车六退一　将5退1
6. 炮九进五　象3进1
7. 炮八进五（图83-6）

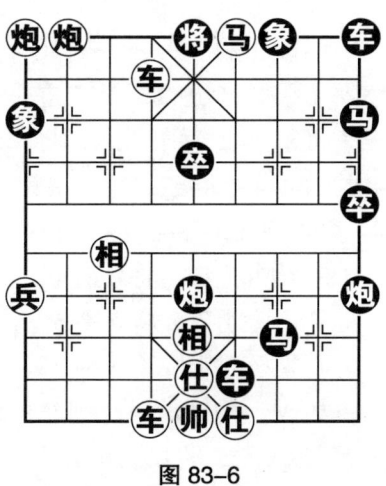

图 83-6

这则实战局和古谱"渴骥奔泉"两相对照，有着惊人的相似，几乎出于一个模子，令人咋舌。

84. 十二大板——于幼华对李艾东

广州《象棋》月刊1961年第6期发表田堃拟局劳逸题名的字形排局两则，总标题"乒乓花开友谊深"。这两个字形局，1965年初春在广东省韶关市棋艺研究社主办的棋局展览中，被评为最佳作品。

图 84-1 系第一则"乒"字形局,题名"震动球坛十二板",注云:我国乒乓球运动员徐寅生曾以连杀十二板击破日本全国乒乓球冠军星野放高球的防御战术,结果以绝对优势战胜星野。他获得第 26 届世界乒乓球赛单打第三名。因作 26 子组成的连将十二军的"乒"字棋局志庆。

着法,红先胜:

1. 兵六进一　将 4 进 1

如改走将 4 平 5,则兵六平五,将 5 进 1,马二进三,将 5 平 4,兵七平六,将 4 退 1,马七退五,将 4 平 5,炮二进五,红胜。

2. 炮九进四　将 4 退 1
3. 马七退五　将 4 平 5
4. 马五进七　将 5 平 4

如改走炮 4 退 4,则车七平五,将 5 平 6,炮二平四,炮 3 平 6,兵四进一,将 6 进 1,车三平四,红胜。

5. 马七进八　将 4 平 5
6. 车七平五　将 5 平 6
7. 炮二平四　炮 4 平 6
8. 兵四进一　将 6 进 1
9. 马八退六　将 6 退 1
10. 炮九进一　士 6 进 5

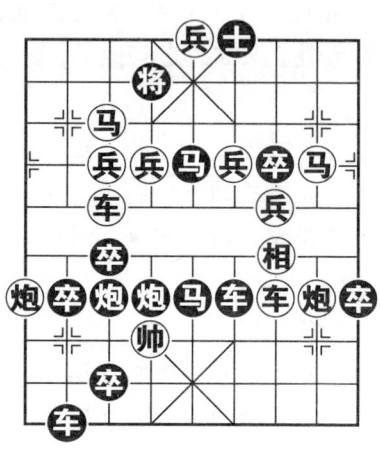

图 84-1

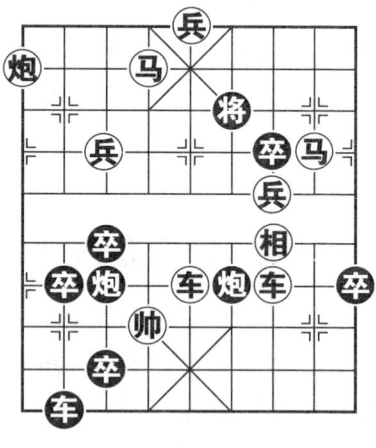

图 84-2

11. 车五进三　将6进1　12. 车五退五（图84-2）

图84-3是1985年秋在南京全国个人赛上的一个局面，由浙江于幼华执红棋对四川李艾东弈成的残局形势，见诸1988年11月16日出版《象棋报》第128期杨典撰写《一盘连打十二将的对局》。此时双方对攻激烈，各有顾忌。红方借助兵入腹地，运用马炮连续叫将12响，得势得胜。这在实战对局，尤其是无车残局中实属少见，着法富于排局趣味，可与"乒"字局之"十二大板"媲美。实战着法如下：

1. 兵四进一　将6平5

如改走将6进1，则马八退六，将4退1，炮八进四杀，红方胜。

2. 炮八平五　象5进3

如改走马6退5，则兵四平五，红方速胜。

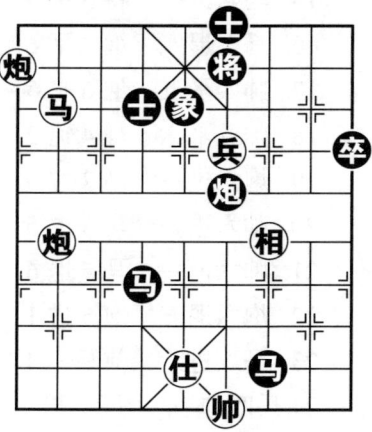

图 84-3

3. 马八进七　将5平4
4. 炮五平六　士4退5
5. 马七退八　将4退1
6. 马八退六　炮6平4
7. 马六进五　炮4平6
8. 马五退六　炮6平4
9. 马六进八　炮4平6
10. 炮九平六　炮6平4
11. 前炮平三　炮4平7

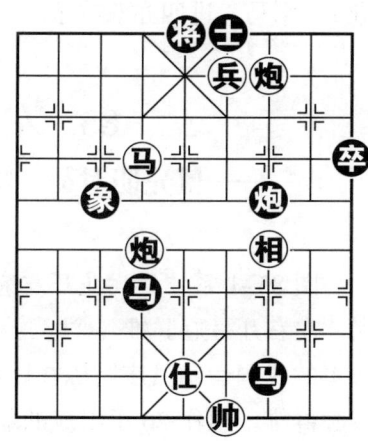

图 84-4

12. 马八退六　将4平5　13. 兵四进一（图84-4）

如图84-4形势，红方连续12步叫将后进兵叫杀，胜局已定。以下着法照录：

13. ………… 马7退6
14. 炮六进一 炮7退2
15. 马六进七 将5平4
16. 马七退八 炮7平6
17. 帅四平五 炮6平5
18. 帅五平六 马4退2
19. 炮六进一 马2进3
20. 帅六进一 马3退5
21. 帅六退一 马5退6
22. 炮六退五 炮5进1
23. 马八进六 前马退4
24. 兵四进一（图84-5）

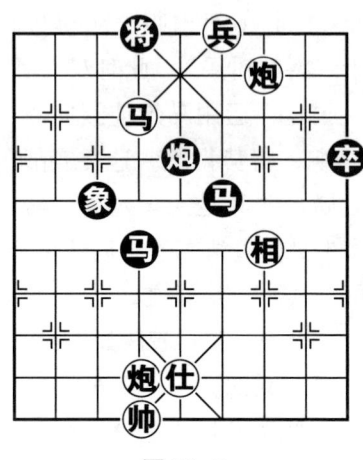

图84-5

至此黑方认负。因红方伏马六进八双将杀，黑方如走将4进1，则马六进四亦双将杀。

85．左右开弓
——傅光明对胡一鹏与郭长顺对陶汉明

图85-1系"乒乓花开友谊深"第二则"兵"字形局，题名"左右开弓冠群雄"，注云：荣获第26届世界乒乓球赛单打冠军的我国运动员庄则栋在比赛中用闪电式的左右开弓战术，战胜群雄，因作26子组成的双炮左右夹攻取胜的"兵"字棋局志庆。

着法，红先胜：

1. 炮九进六　炮5进2
2. 马七进六　炮5退2
3. 马六退八　炮5进2
4. 兵六进一　将6进1

如改走炮5退2，则马五进六，将6进1（若炮5退5，兵六平五，将6平5，马六进八，红胜），马八退六，炮5退4，兵四进一，将6平5，炮九退一，将5平4，马六进八，红胜。

5. 兵四进一　将6进1
6. 兵三进一　炮5平7

如改走将6退1，则兵三进一，将6进1，炮九退二，炮5退1，兵六进一，炮5进1，兵六平五，将6平5，马五进七，红胜。

7. 炮一进四　炮7退1
8. 兵二进一　象7退9
9. 兵二平三　将6平5
10. 兵六进一　将5退1
11. 炮九退一　（图85-2）

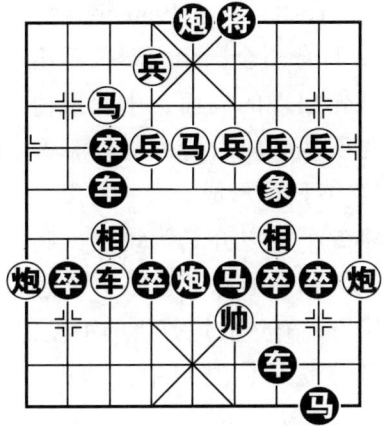

图 85-1

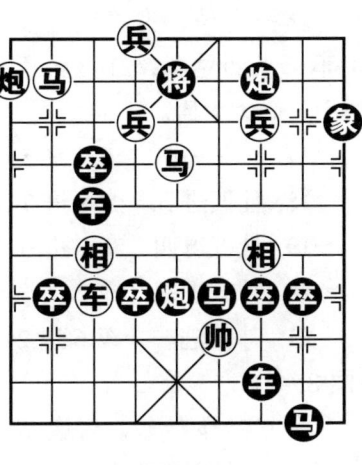

图 85-2

此局红方左右夹攻，黑方老将中路被擒，弈来颇见精彩。实战中双炮左右开弓擒敌将于中路战术不乏所见，特录全国赛对局二例。

图 85-3 是 1966 年 4 月 12 日郑州全国个人赛预赛第三轮出现的局面，由北京傅光明执红棋对青海胡一鹏弈完 16 回合形成。上一着黑方将 5 平 6 以弃马为诱饵，暗伏大刀剜心杀着。红方疏忽黑方还有进右炮打将的手段，贸然吃马，结果中计惨败。实战着法如下：

17. 车二平七

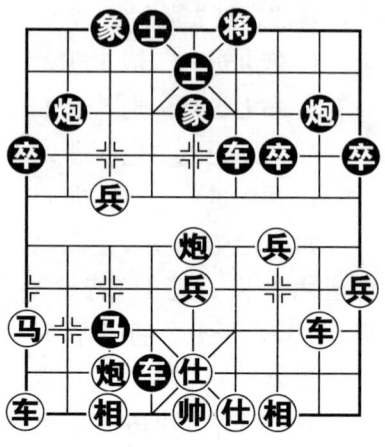

图 85-3

随手吃马，劣着！应改走车二平四兑车，红方虽落后手，尚无大碍。

17. ………… 车 4 平 5
18. 仕四进五 炮 8 进 7
19. 仕五退四 车 6 进 6
20. 帅五进一 炮 2 进 6
21. 帅五进一 车 6 退 2

（图 85-4）

黑方弃马弃车，双炮左右开弓，以车将红帅毙命于中路，精彩动人！

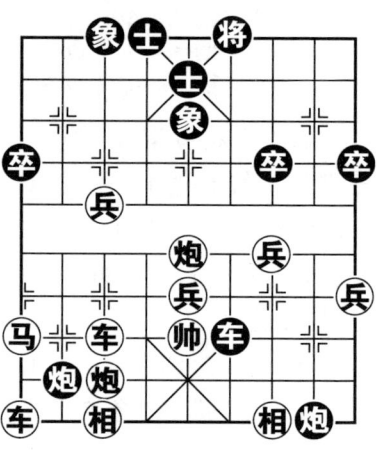

图 85-4

附：如图 85-3 前对弈过程

1. 炮二平五 马 8 进 7　　2. 兵三进一 卒 3 进 1
3. 马二进三 马 2 进 3　　4. 车一平二 车 9 平 8
5. 马八进九 车 1 进 1　　6. 炮八平七 马 3 进 2

7. 马三进四	象7进5	8. 马四进五	马7进5
9. 炮五进四	士6进5	10. 车二平五	车8平6
11. 仕六进五	车6进3	12. 炮五退二	马2进1
13. 炮七退一	马1进3	14. 兵七进一	车1平4
15. 兵七进一	车4进7	16. 车二退三	将5平6

世上没有两片结构完全相同的树叶，同样也不可能有两盘过程完全一样的对局。但是，若要找寻出局面相仿、构思相同、以妙杀取胜的对局，虽说似大海捞针，却依然仍可觅得。果然23年后，又出现了一盘精彩的左右开弓妙杀。

图85-5是1989年5月11日安徽省泾县全国团体赛中出现的局面，由辽宁郭长顺执红棋对吉林陶汉明弈完26回合形成。上一着黑方炮7平8伏杀，红方未加详细审视，急于求成要杀而疏于防范，招致败局。

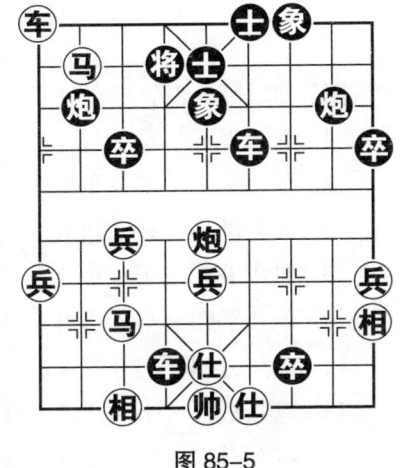

图85-5

着法，红先负：

27. 车九平七　炮8进7
28. 相一退三　炮2进7
29. 马七退八　车6进6
30. 仕五退四　车4进1

至此，红方认负。末后红方只有帅五进一，则炮8退1，帅五进一，车4退2（图85-6），黑方胜。黑方胆大心细，献炮弃车，左右开弓，连珠妙杀，最后置红帅毙命于中路，酷似古代棋谱《橘中秘》《梅花谱》中的经典杀法。此局黑方杀法与上一局相当近似，犹如孪生。

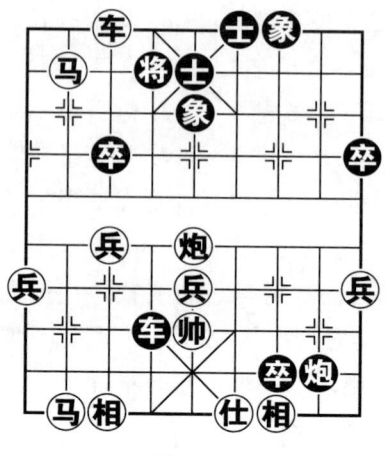

图 85-6

附：如图 85-5 前对弈过程

1. 炮二平五　马8进7　　2. 马二进三　卒7进1
3. 车一平二　车9平8　　4. 车二进六　马2进3
5. 兵七进一　马7进6　　6. 马八进七　象3进5
7. 炮八平九　车1平2　　8. 车九平八　卒7进1
9. 车二平四　马6进8　　10. 马三退五　卒7进1
11. 炮九进四　炮8平9　　12. 炮五进四　马3进5
13. 炮九平五　士4进5　　14. 车八进五　车2平4
15. 炮五退二　车4进7　　16. 马七进八　将5平4
17. 马五进七　马8进6　　18. 仕六进五　车4进1
19. 车八平九　车8进3　　20. 车九进四　将4进1
21. 车四退二　马6进7　　22. 车四退三　卒7进1
23. 马八进九　车8平6　　24. 车四平三　卒7进1
25. 马九进八　炮9平7　　26. 相三进一　炮7平8

86. 海燕掠波
——于幼华对李来群与李鸿嘉对万春林

图86-1系《象棋》1961年第9期发表的"添和"排拟的"海燕掠波"局的片断。只见红方双马借助炮威,围绕黑方九宫回环往复,异乎寻常,充分表现了纵横驰骋、八面威风之美。

着法,红先胜:

1. 马七退五　将6平5
2. 马七退八　士4进5

如改走将5进1,则马八退六,将5平4,马五退七,将4进1,马七进八,将4退1,炮九退一,红方胜。

3. 马五进七　将5平6
4. 马七进五　士5退4
5. 马五退四　士4进5
6. 马四进五　士5退4
7. 马五退六　士4进5
8. 马六进七　士5退4
9. 马八进六　马7退5
10. 马七退六　（图86-2）

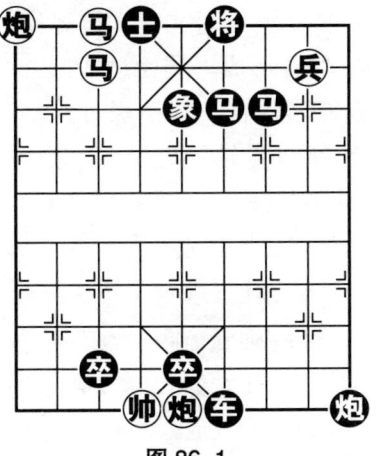

图86-1

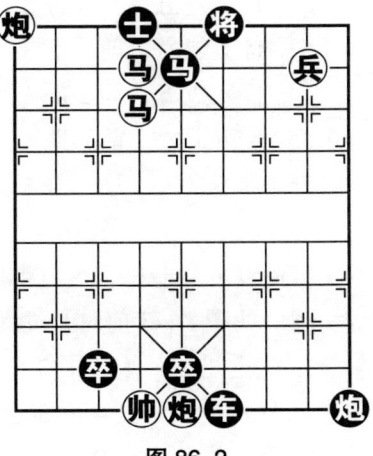

图86-2

红方退马用炮闷杀，结局干脆，漂亮！

图86-3是1990年10月19日杭州全国个人赛第八轮中出现的局面，由浙江于幼华执红棋对河北李来群弈完46回合形成。局面显示黑方多双卒占优。以下黑方双马炮在侧翼轮番攻杀，有如"海燕掠波"，颇有排局味道。

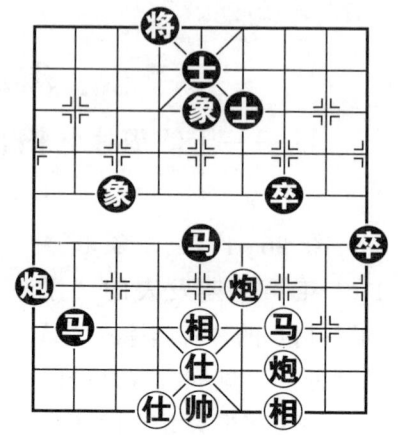

图86-3

着法，红先负：

47. 仕五进六　马5进4
48. 帅五平四　炮1进3
49. 仕六进五　马4进3
50. 仕五退六　马2进4
51. 帅四平五　马3退2
52. 仕六进五　马4进2
53. 仕五退六　前马退3
54. 仕六进五　马2进3
55. 仕五退六　前马退4
56. 帅五进一　马4进5

（图86-4）

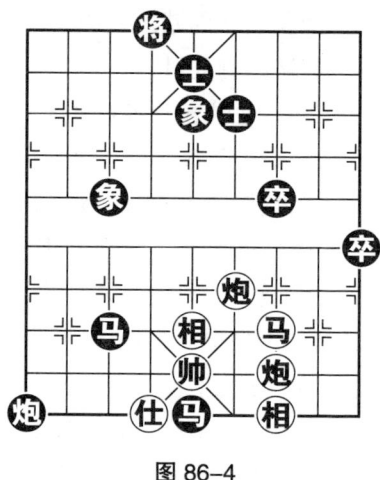

图86-4

至此红方必躲帅，黑方得炮胜定。

附：如图86-3前对弈过程

1. 兵七进一　炮2平3　2. 炮二平五　象3进5
3. 仕六进五　士4进5　4. 马二进三　马8进9
5. 车一平二　车9平8　6. 炮八平六　炮3进3

7. 马八进七	马2进3	8. 马七进六	炮8平7
9. 车二进九	马9退8	10. 车九平八	卒7进1
11. 马六进五	炮7进4	12. 相三进一	车1平2
13. 车八进九	马3退2	14. 兵五进一	卒3进1
15. 马三进五	炮7平1	16. 前马退七	炮3进1
17. 马七退八	卒1进1	18. 炮六平九	马8进7
19. 马五进七	卒1进1	20. 炮九进二	炮1进3
21. 仕五退六	马2进1	22. 马七进六	马7进8
23. 马八进七	马8进7	24. 炮五平九	马1退3
25. 马六退八	炮3平5	26. 炮九退四	象5进3
27. 前炮平三	象7进5	28. 炮九进三	马7进5
29. 仕六进五	马5进3	30. 帅五平六	后马进4
31. 马八进七	马4进5	32. 炮三退一	马3进1
33. 炮九退二	炮5平4	34. 帅六平五	马5进7
35. 相一退三	炮4平9	36. 马七退六	马7退5
37. 相七进五	炮9平1		
38. 马六退五	炮1平4		
39. 炮九进五	卒9进1		
40. 炮九平二	士5进6		
41. 马五退三	士6进5		
42. 炮二退二	卒9进1		
43. 炮二平四	将5平4		
44. 仕五退六	炮4平2		
45. 仕四进五	马1退2		
46. 炮四退一	炮2平1		

图86-5系1995年5月峨眉全国团体赛深圳李鸿嘉

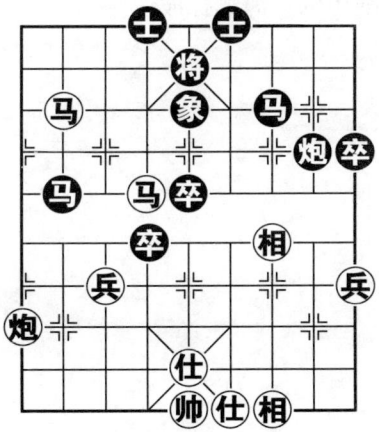

图86-5

执红棋与上海万春林对局的尾声，见诸1995年9月29日出版《羊城体育》报"弈道"版汤卓光撰写《临门一脚精选》。此局与34年前的"海燕掠波"局遥相呼应，别有韵味。

着法，红先胜：

1. 炮九进六　炮8平4
2. 马六进八　将5退1

应改走将5平6，红方若接走前马进六，则马7退5，尚可支撑下去。

3. 后马进六　将5进1
4. 马八进六　将5退1
5. 马六退四　将5进1
6. 马六进八　炮4退2
7. 马八退六（图86-6）

此局红方双马奔腾呼啸，最后以炮闷杀，活脱一个实战中的"海燕掠波"。

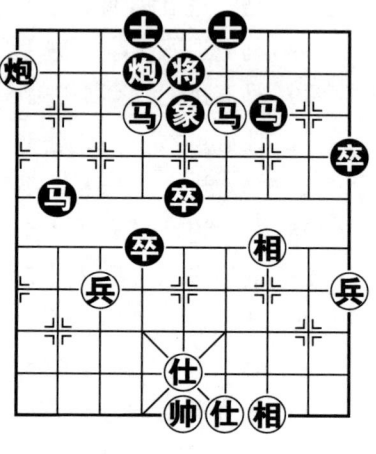

图86-6

图书在版编目(CIP)数据

弈林猎奇：出奇制胜实战例 / 高军飞编著. – 北京：人民体育出版社，2014
ISBN 978-7-5009-4543-7

Ⅰ.①弈… Ⅱ.①高… Ⅲ.①中国象棋-布局（棋类运动）
Ⅳ.①G891.2

中国版本图书馆 CIP 数据核字（2013）第 225740 号

*

人民体育出版社出版发行
三河紫恒印装有限公司印刷
新 华 书 店 经 销

*

850×1168 32开本 7印张 160千字
2014年3月第1版 2014年3月第1次印刷
印数：1—5,000册

*

ISBN 978-7-5009-4543-7
定价：18.00元

社址：北京市东城区体育馆路8号（天坛公园东门）
电话：67151482（发行部） 邮编：100061
传真：67151483 邮购：67118491
网址：www.sportspublish.com
（购买本社图书，如遇有缺损页可与发行部联系）